Copyright © 2020, Livre de coloriage pour adultes

Par

Publications Anti-Stress

tous droits réservés.

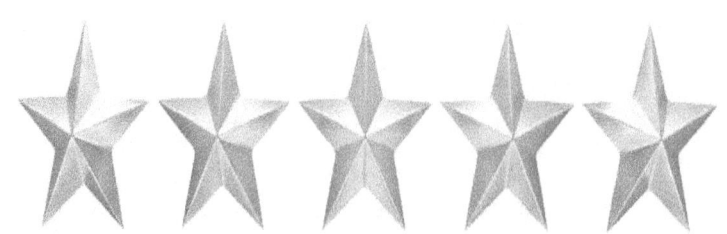

Votre avis nous intéresse, si vous aimez votre livre

'100 Animaux Livre de Coloriage' merci de nous laisser

un commentaire.

Votre avis nous aide a creer d autres livre juste pour

votre grand plaisir.

Avec les salutations de notre équipe Publications Anti-Stress.

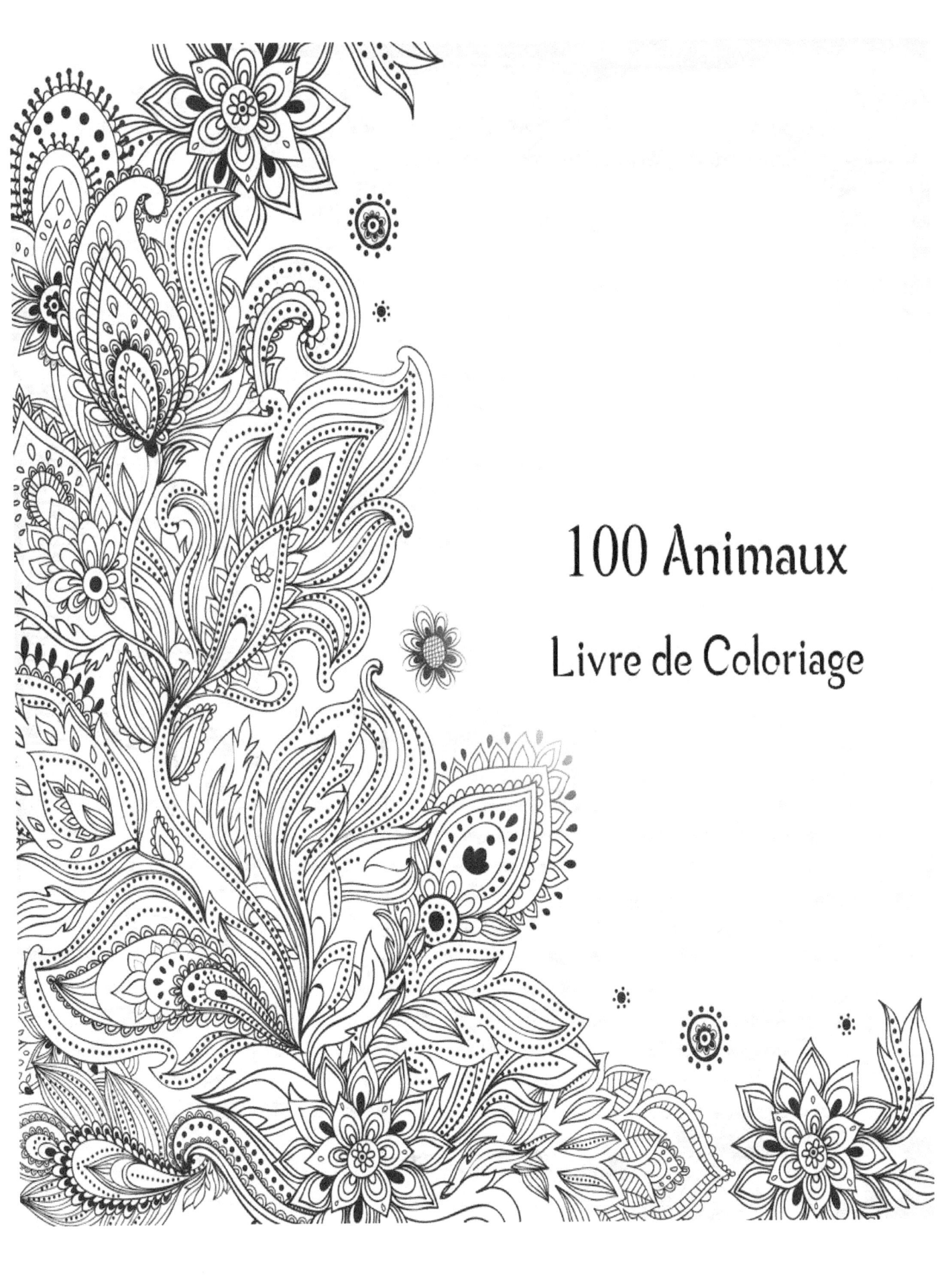

100 Animaux

Livre de Coloriage

Page de previsualitation

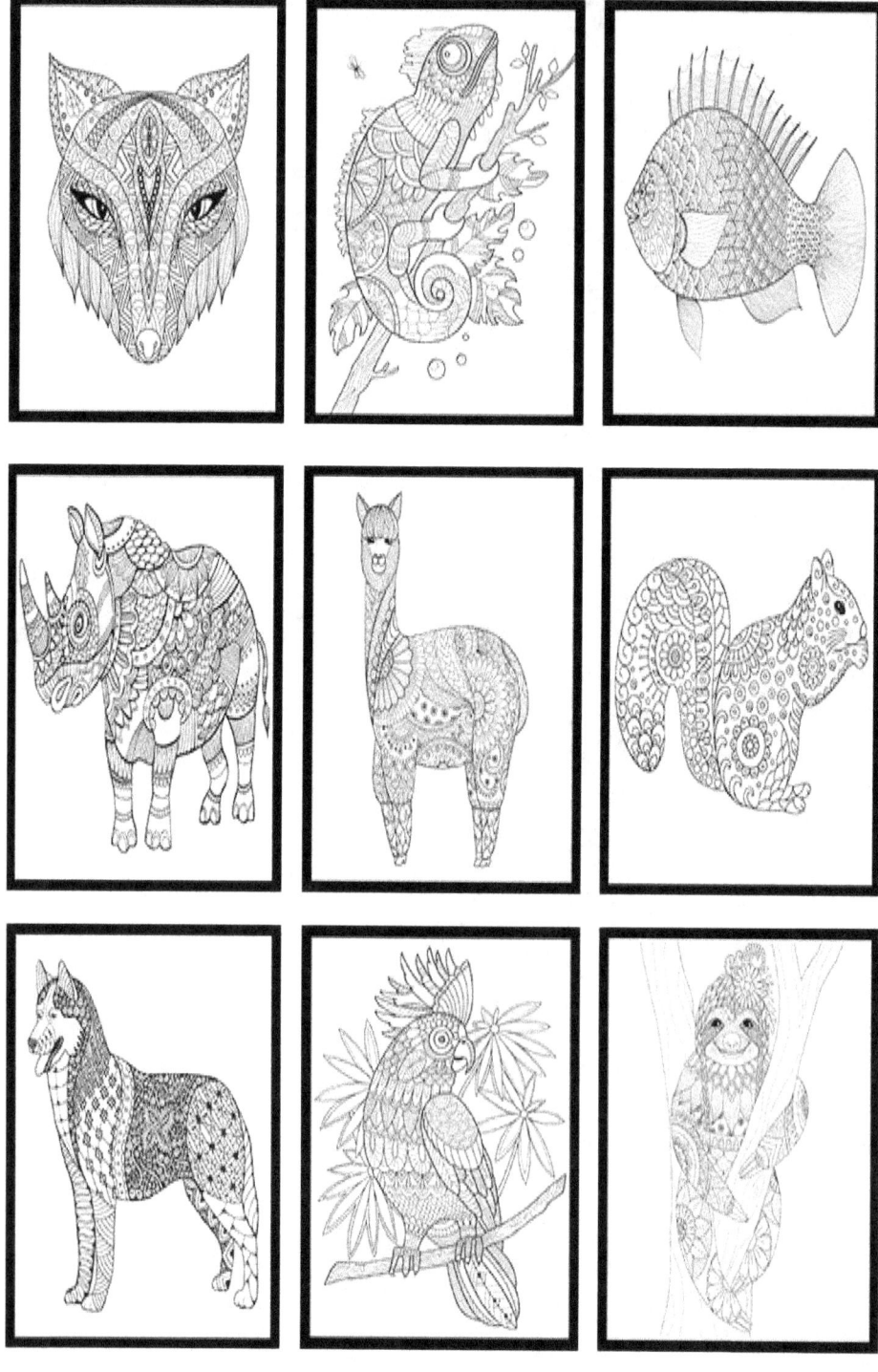

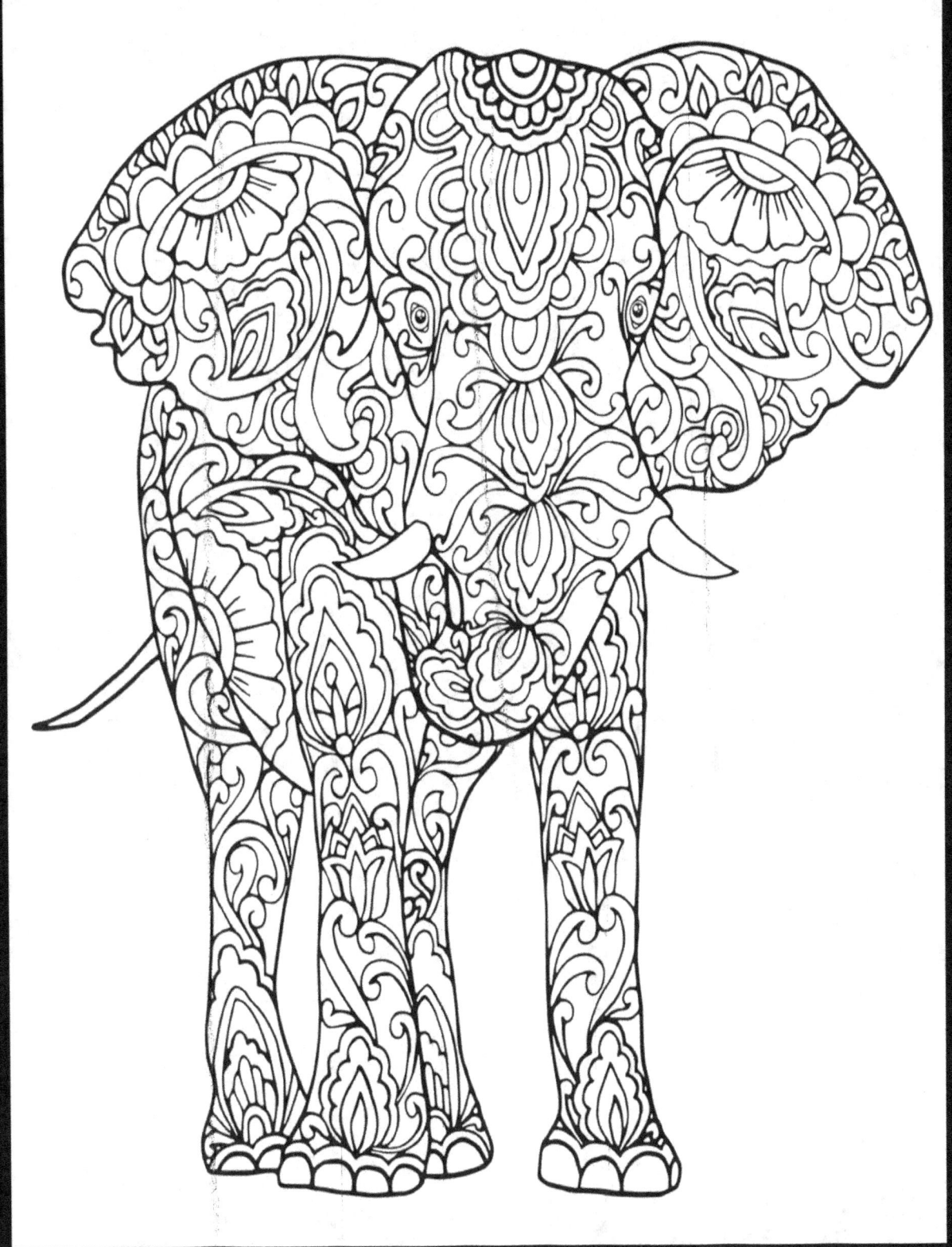

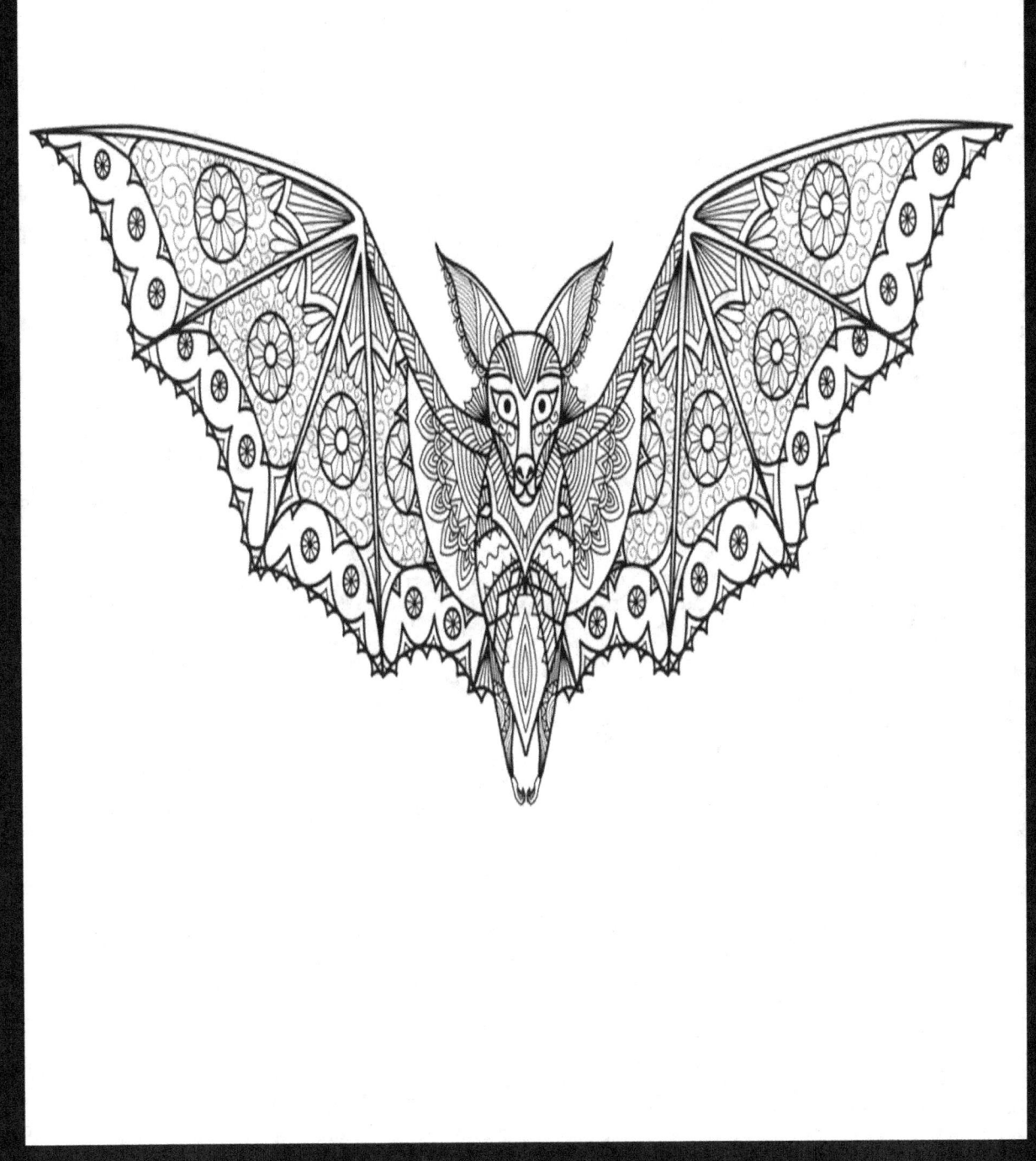

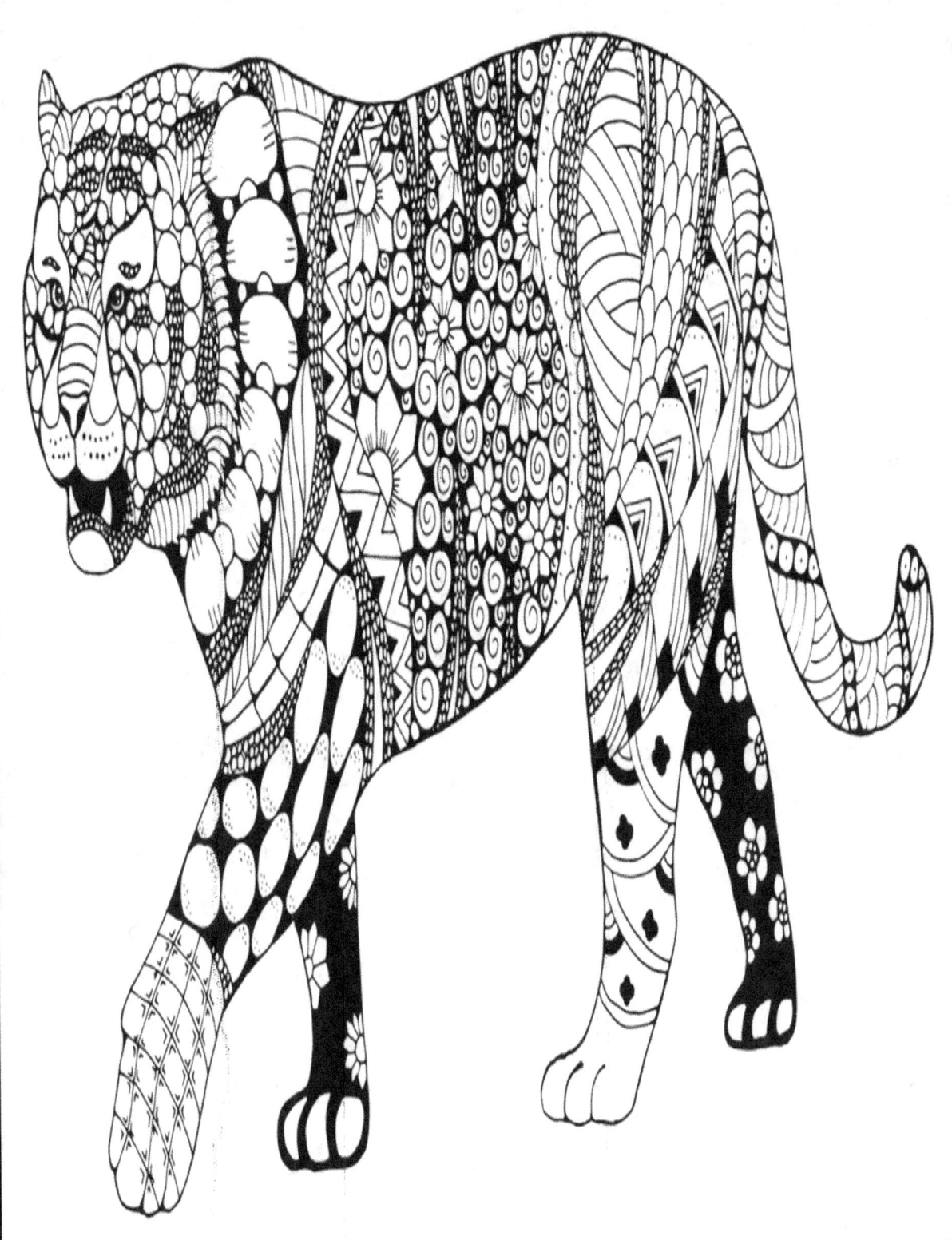

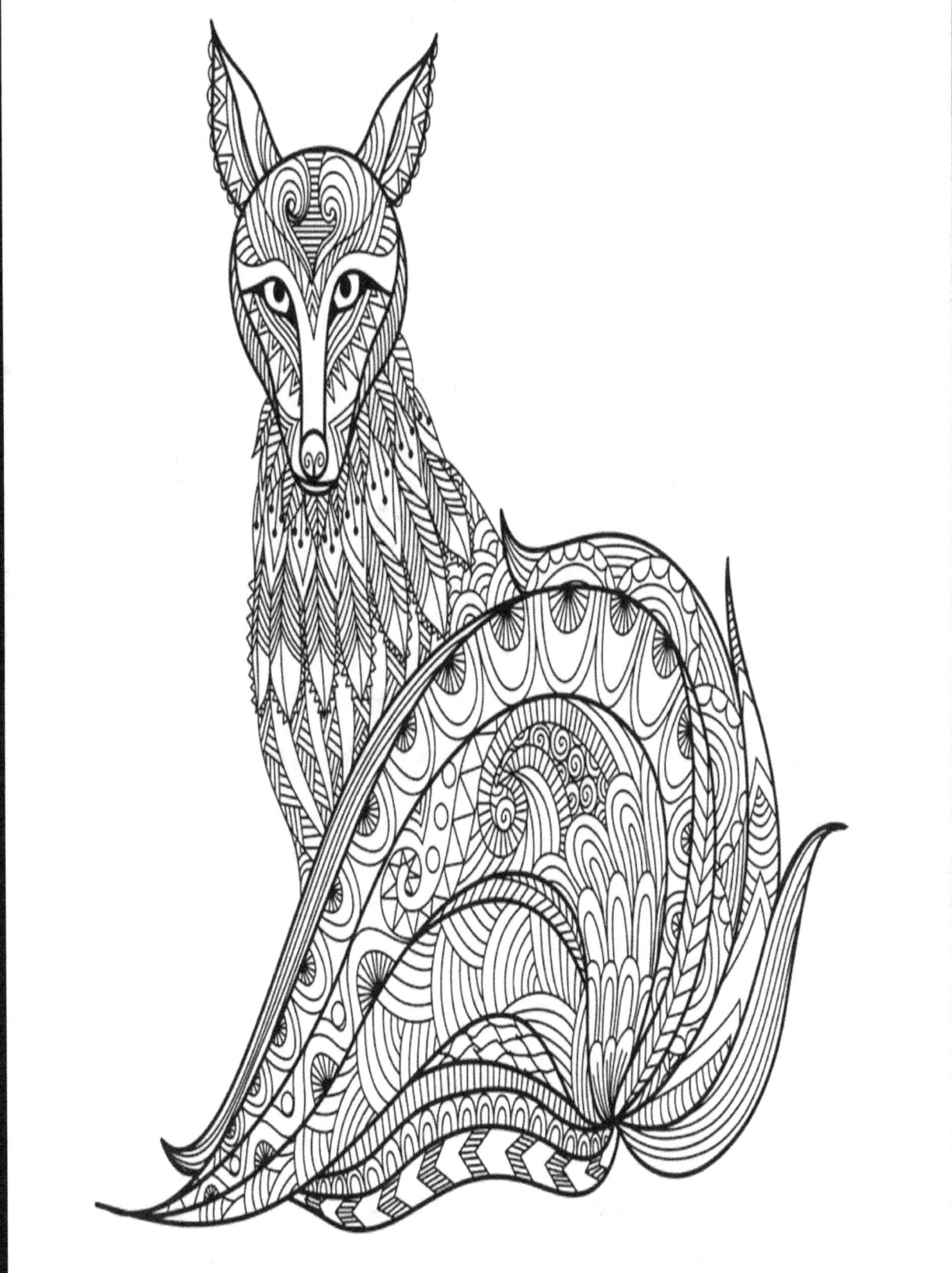

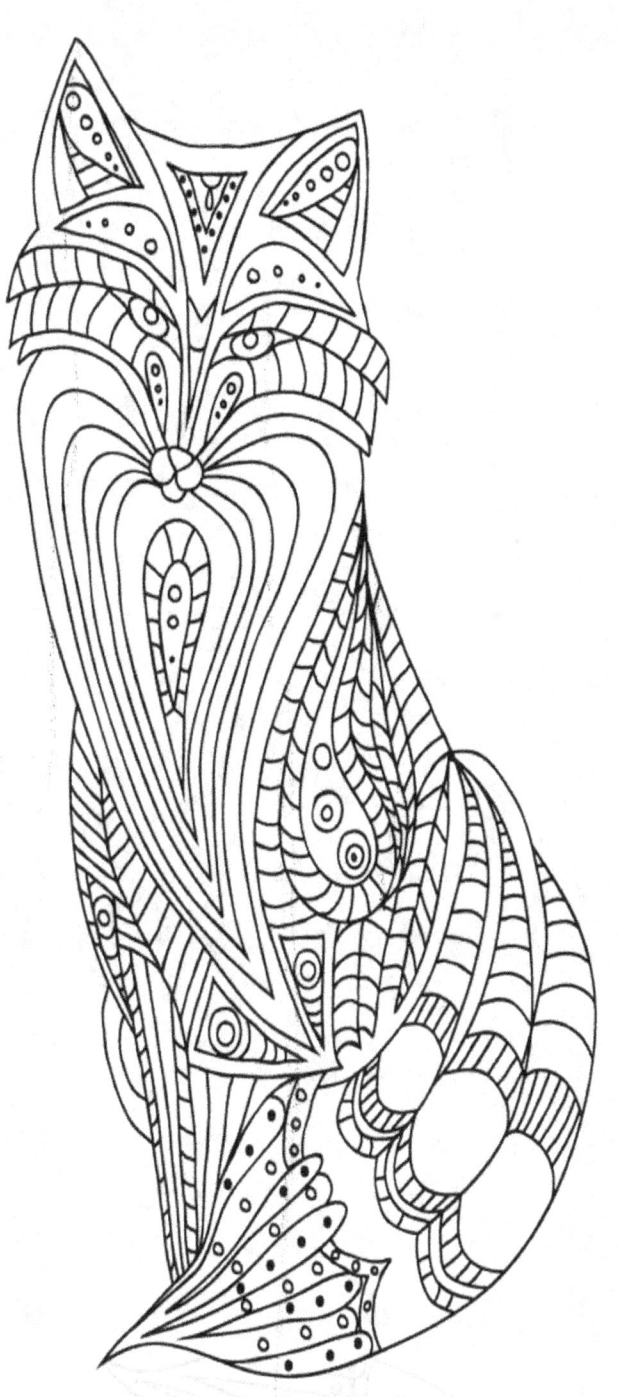

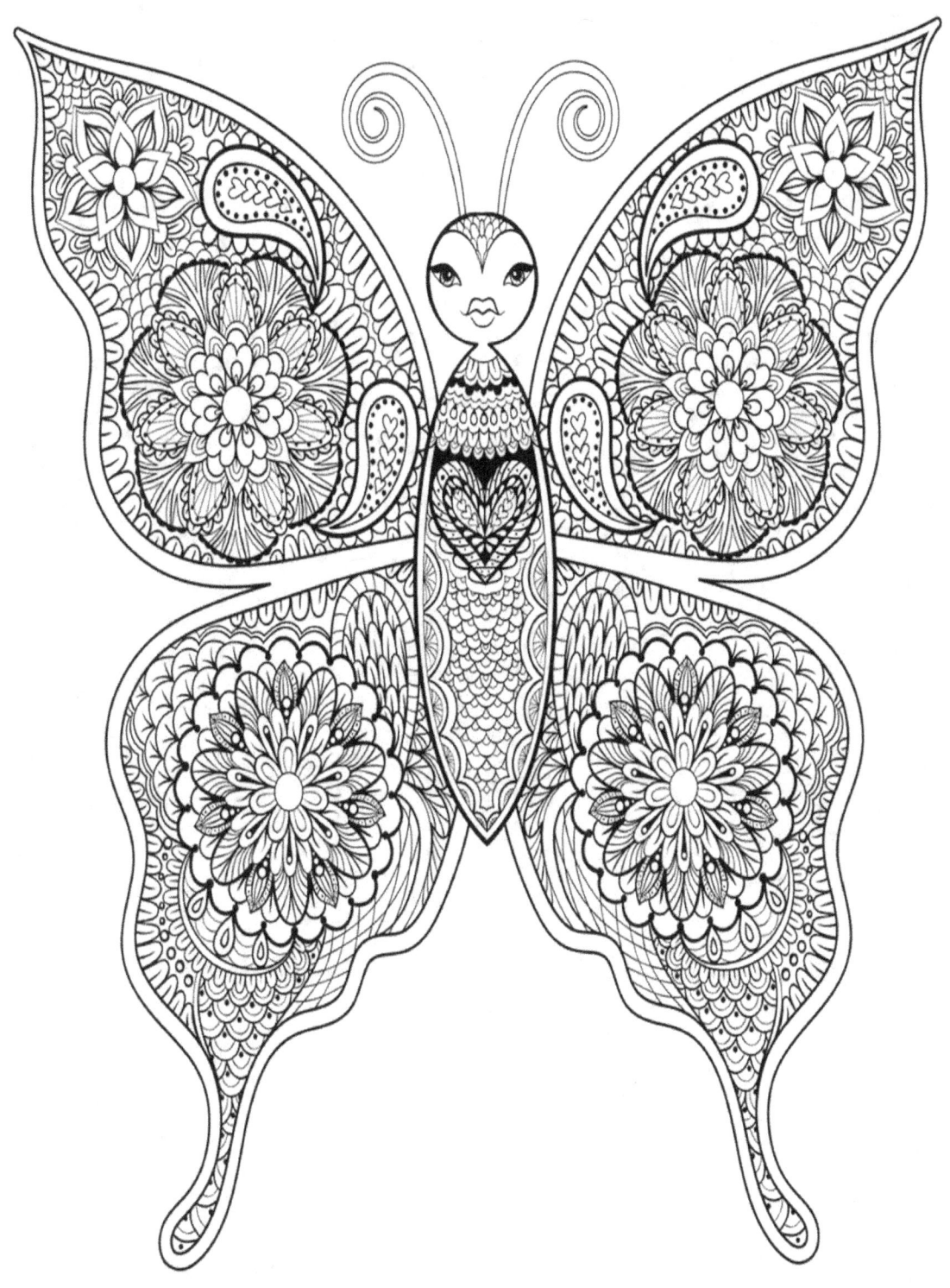

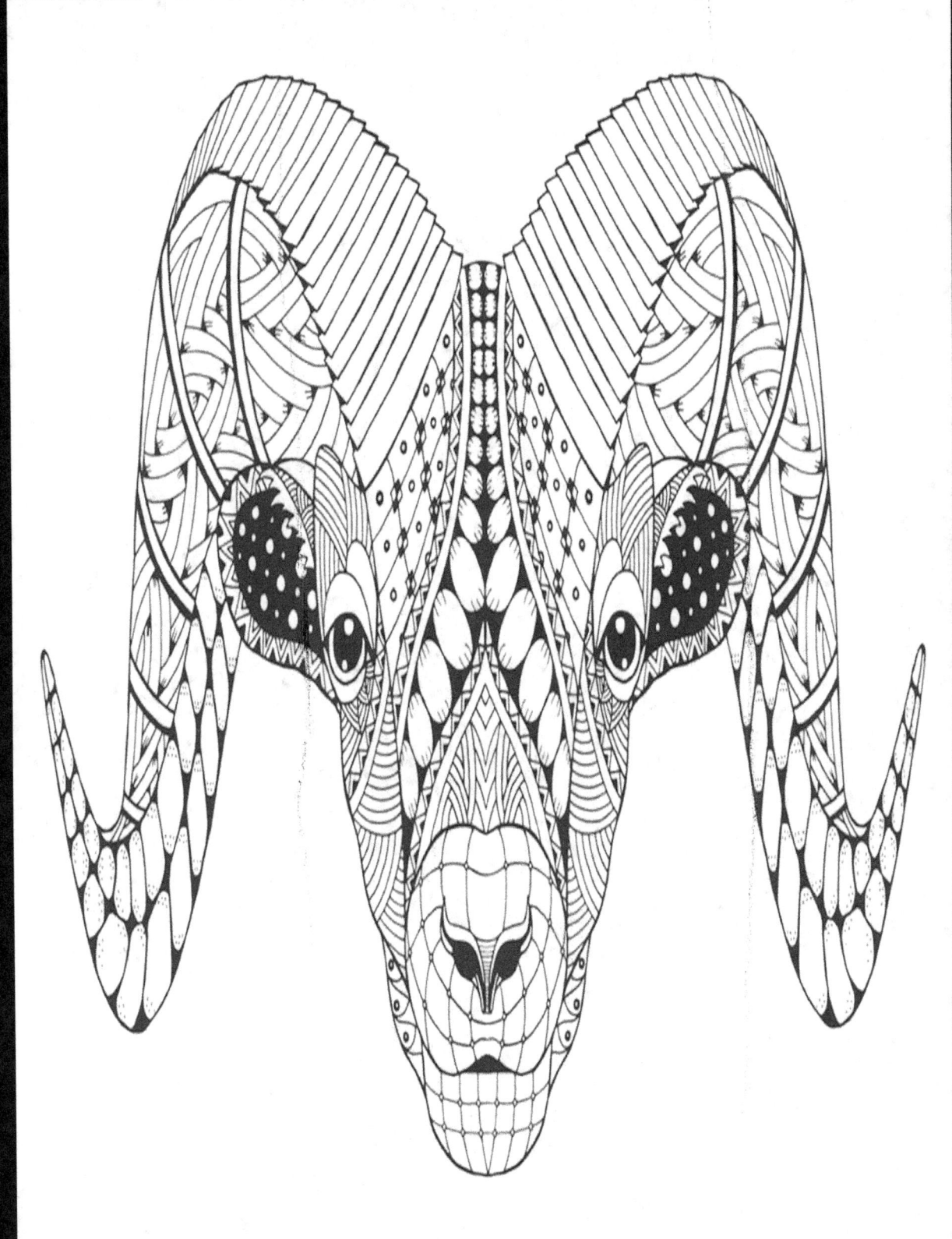

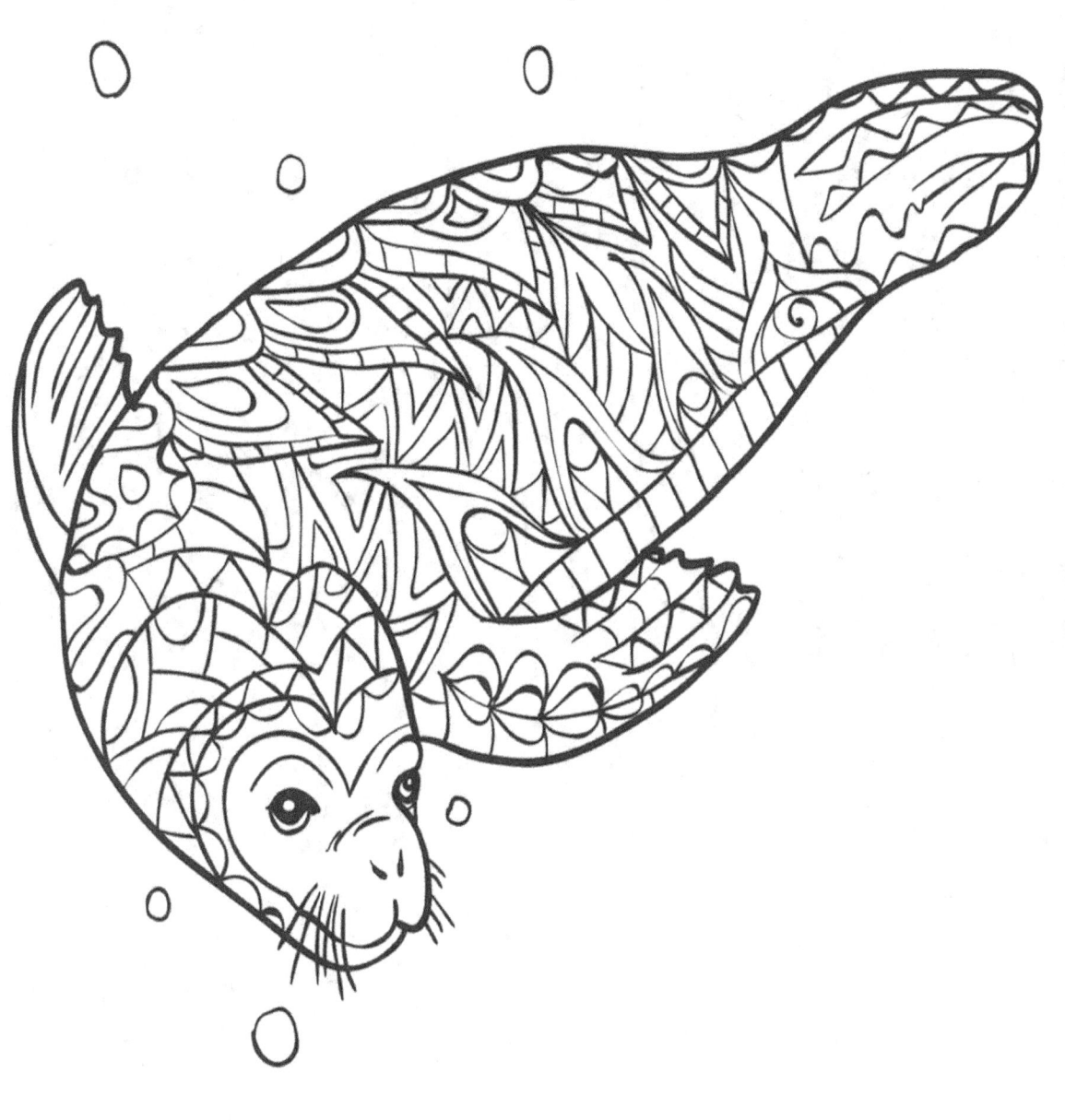

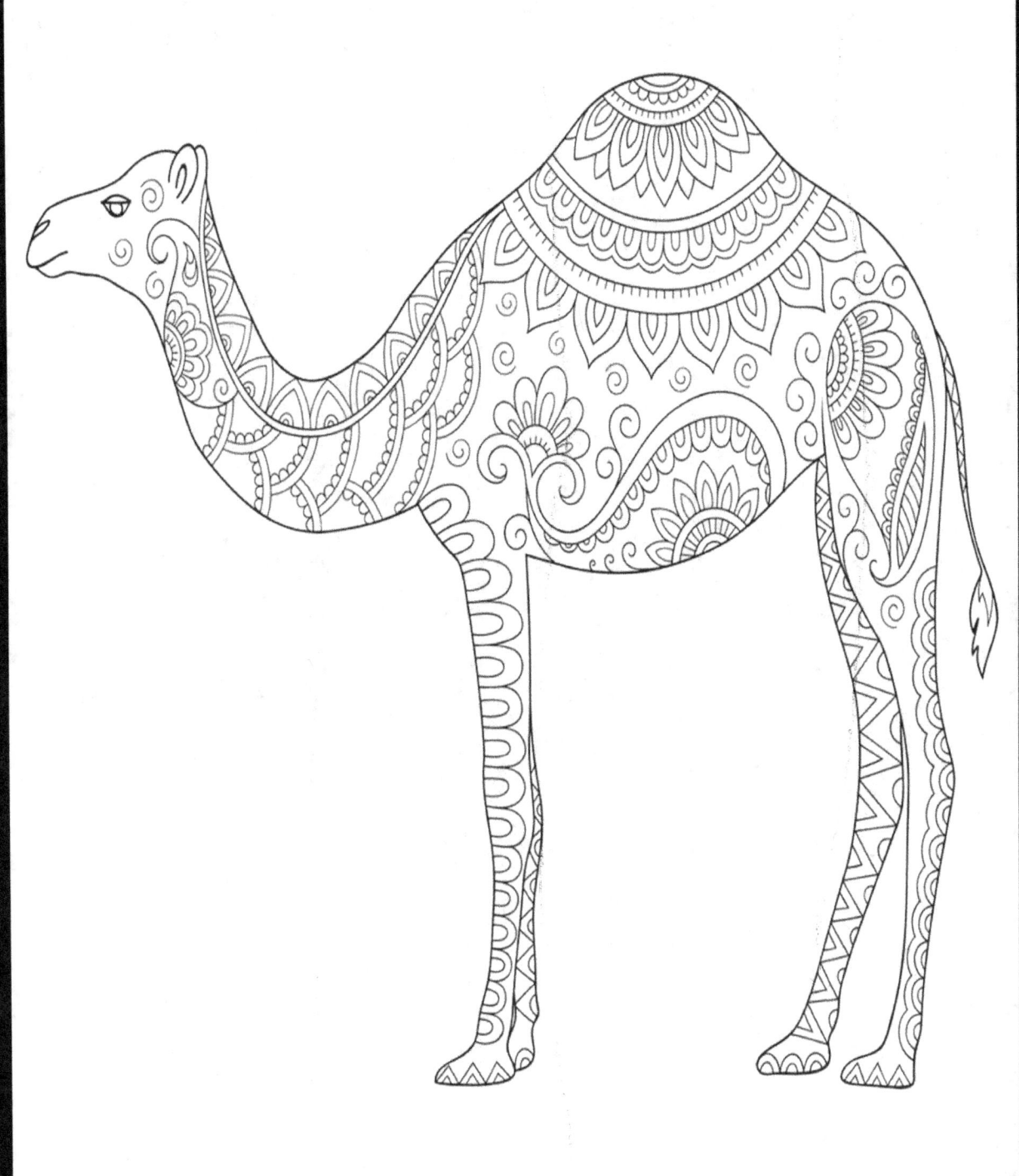

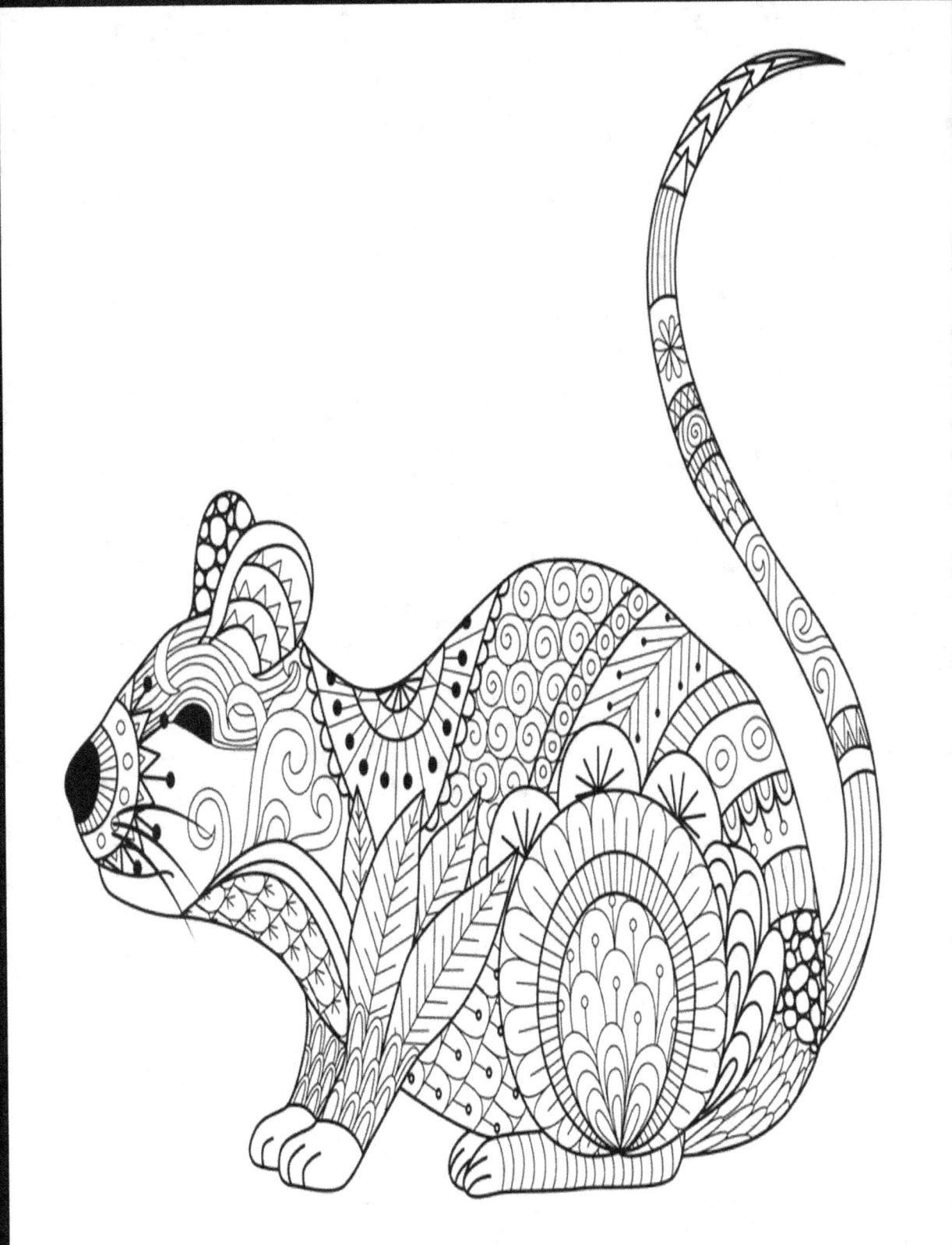

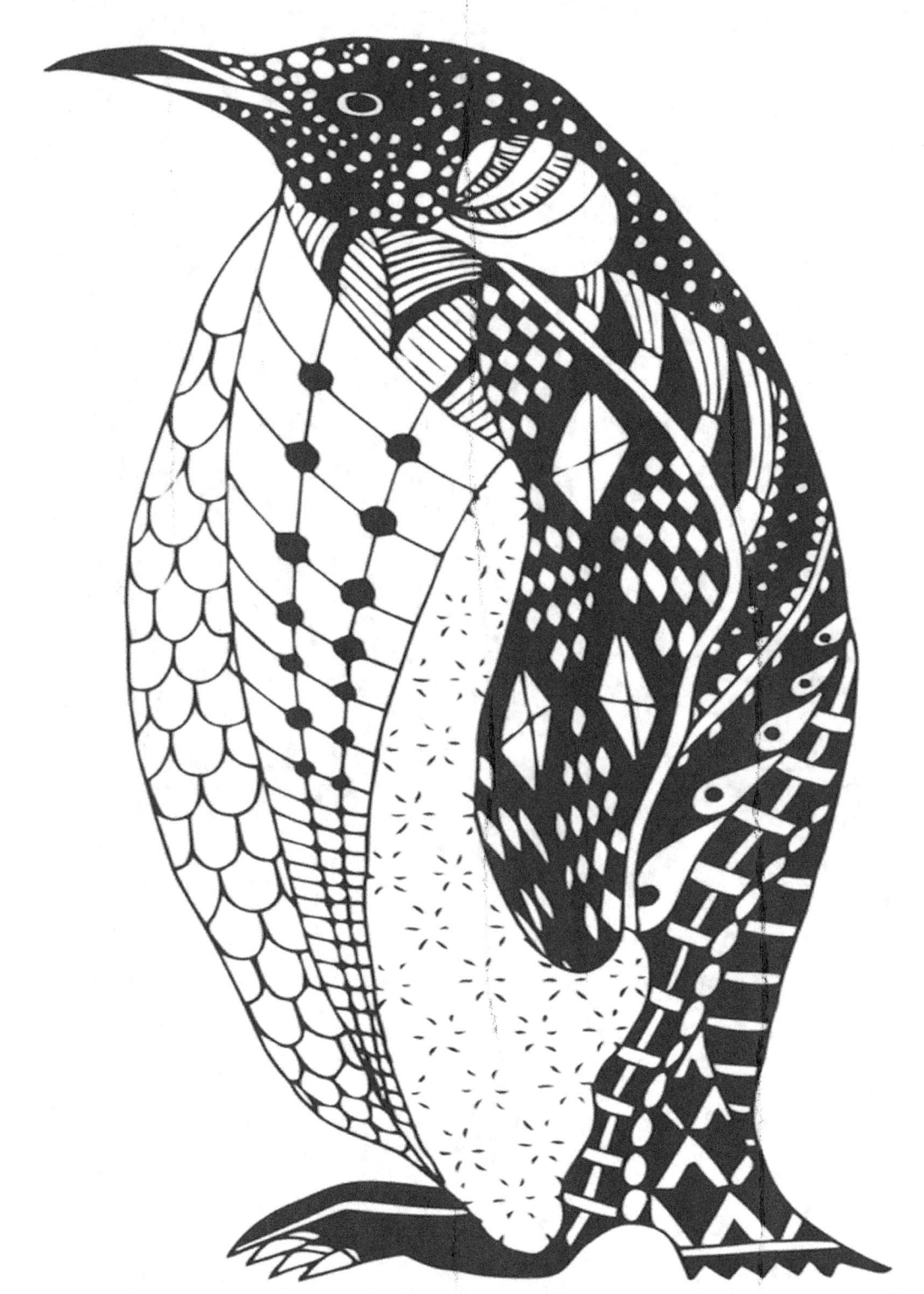

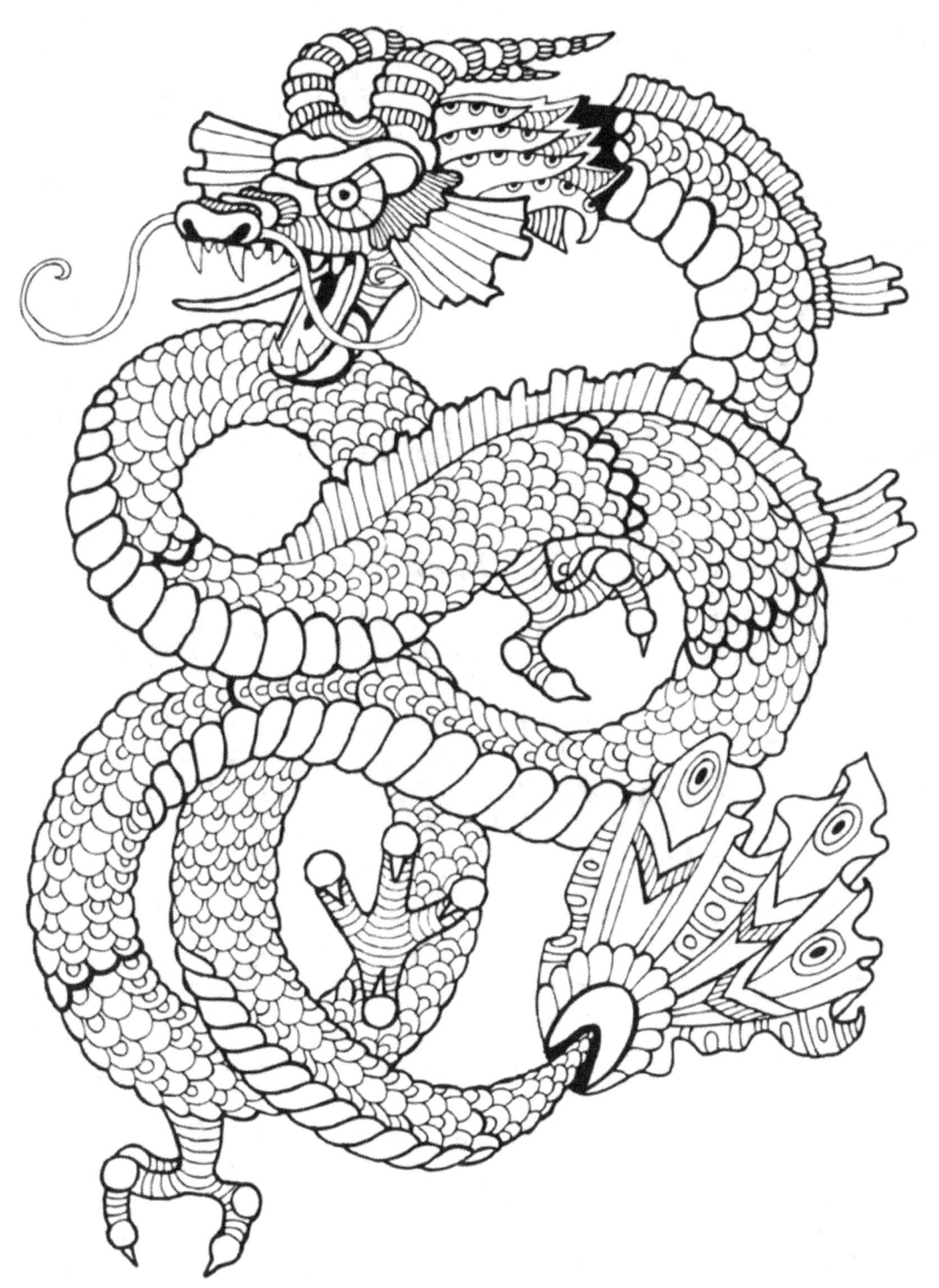

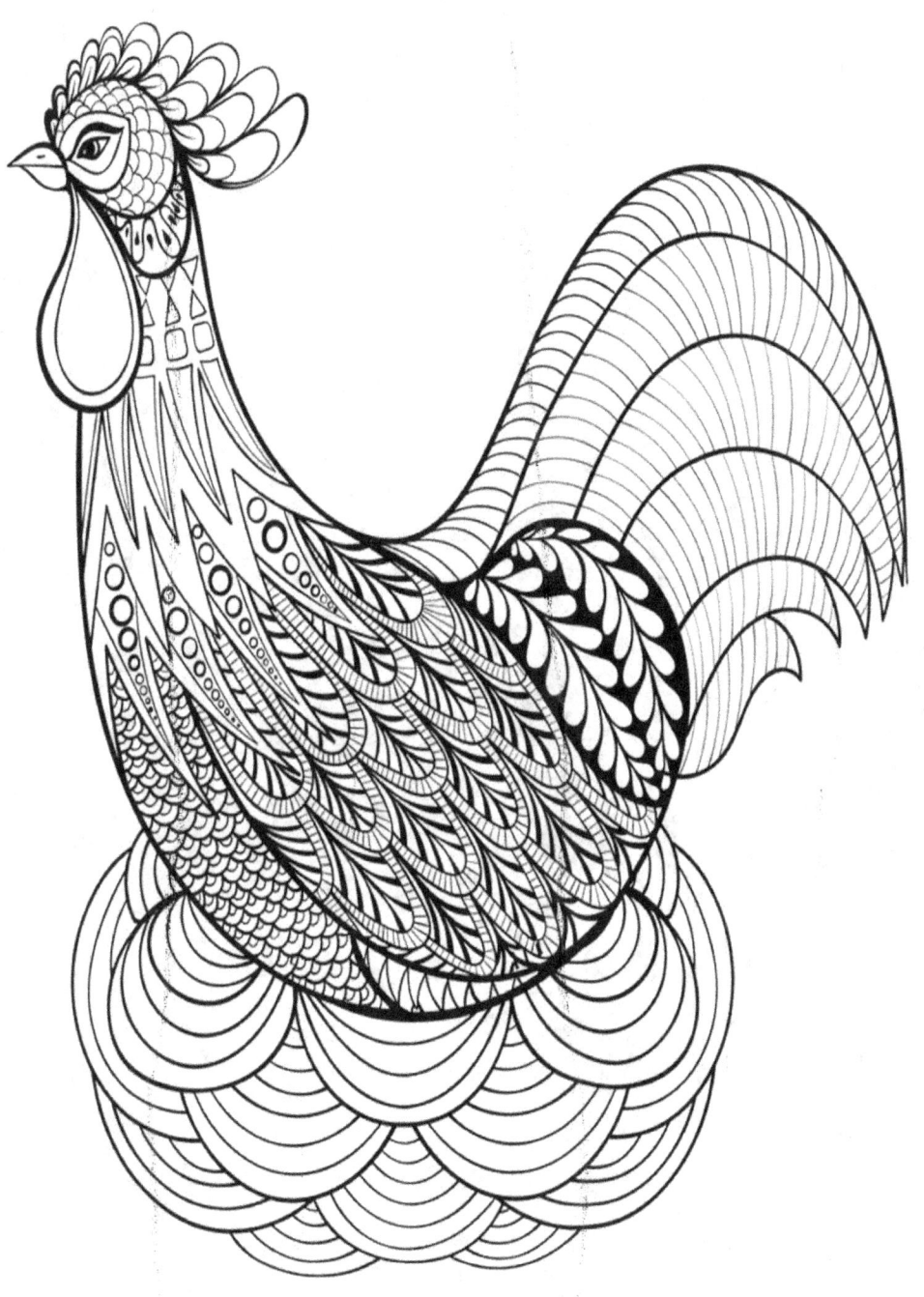

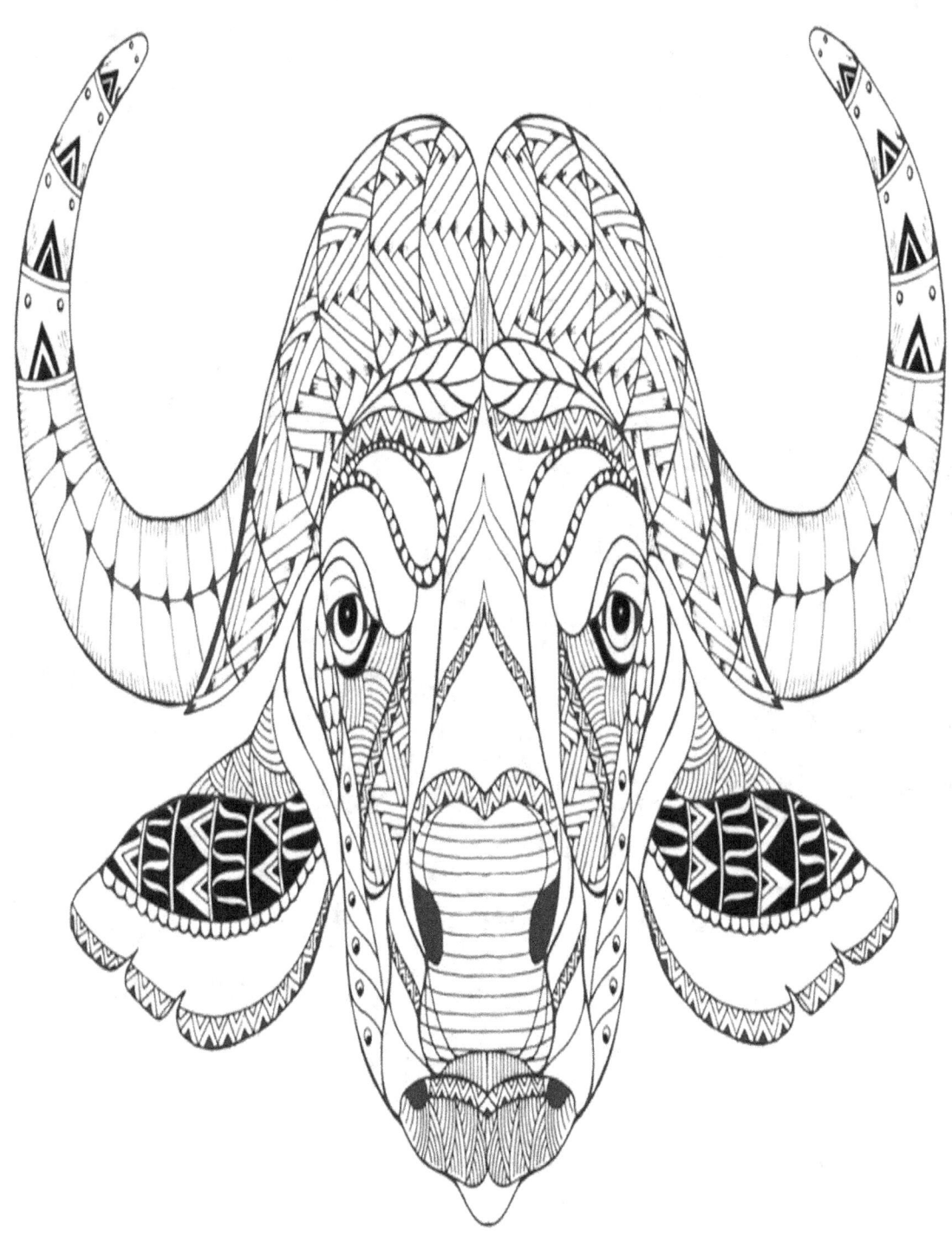

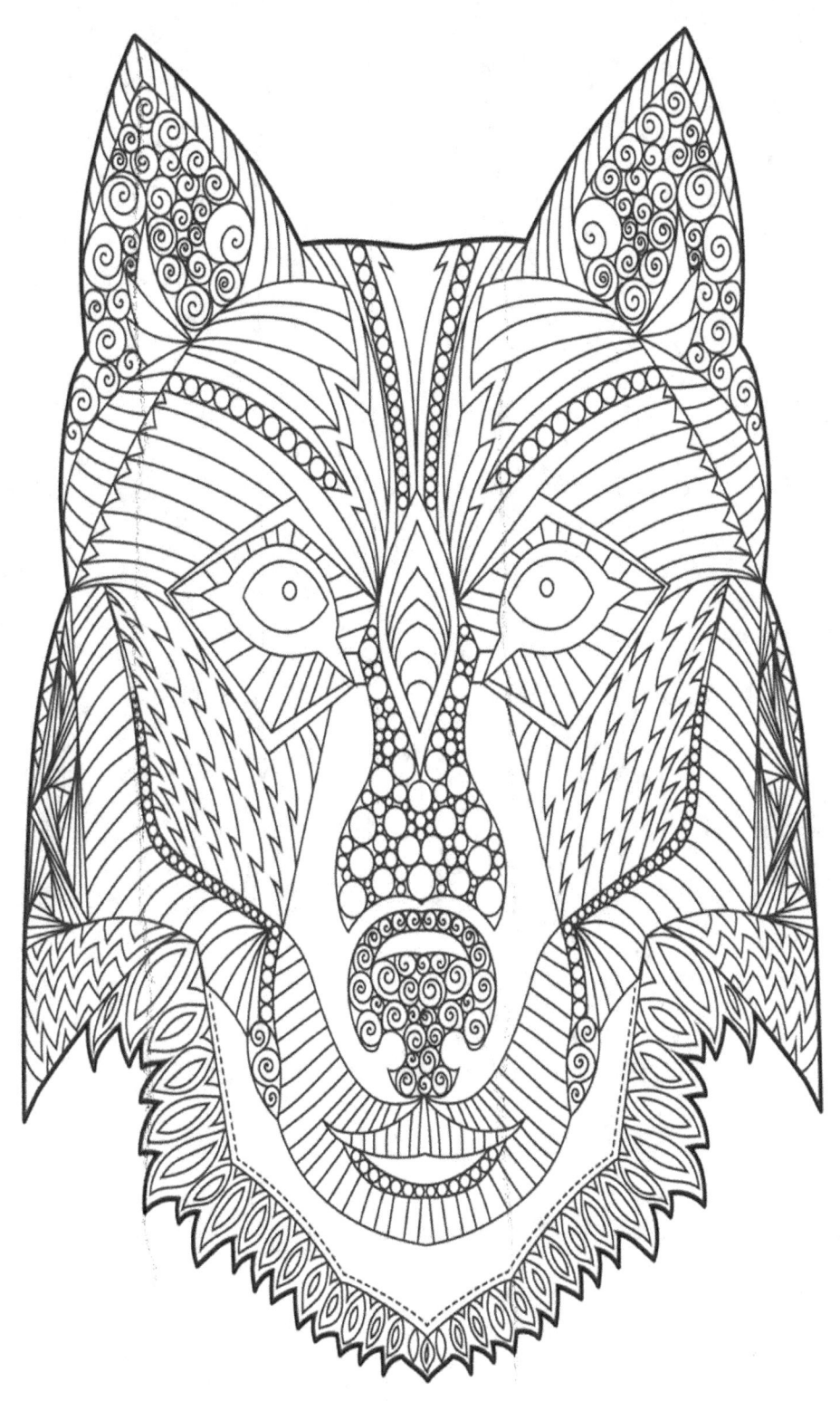

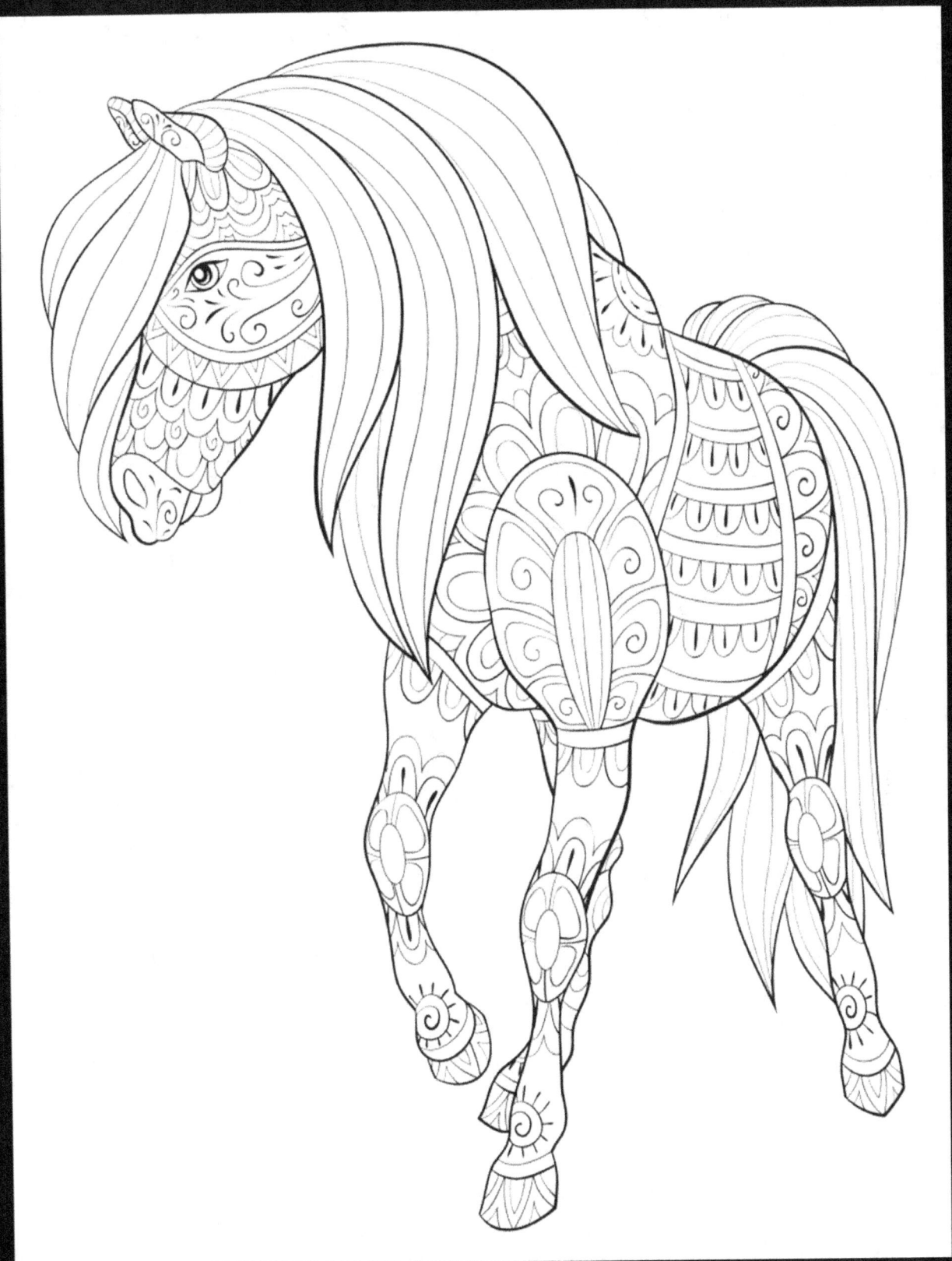

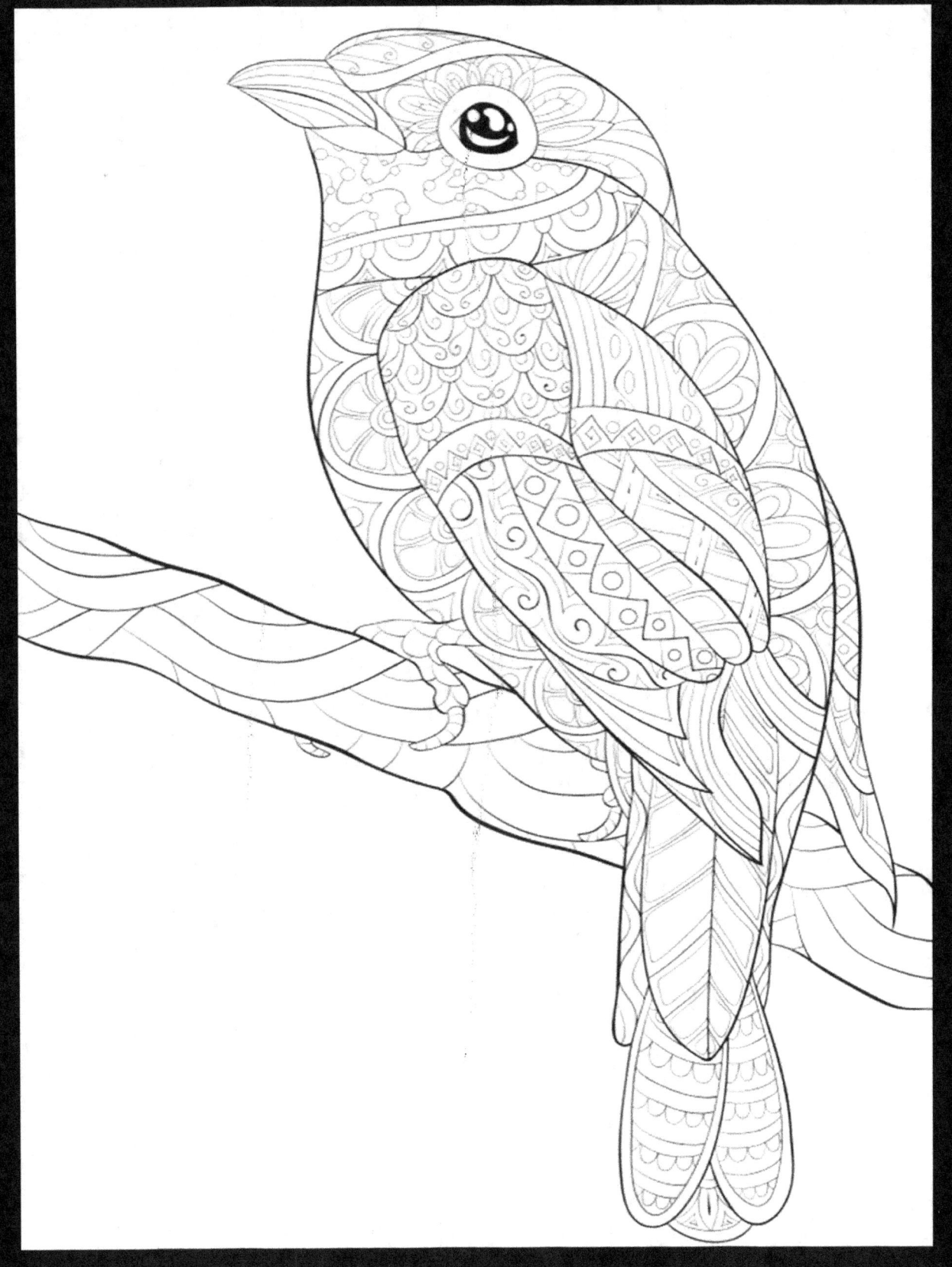

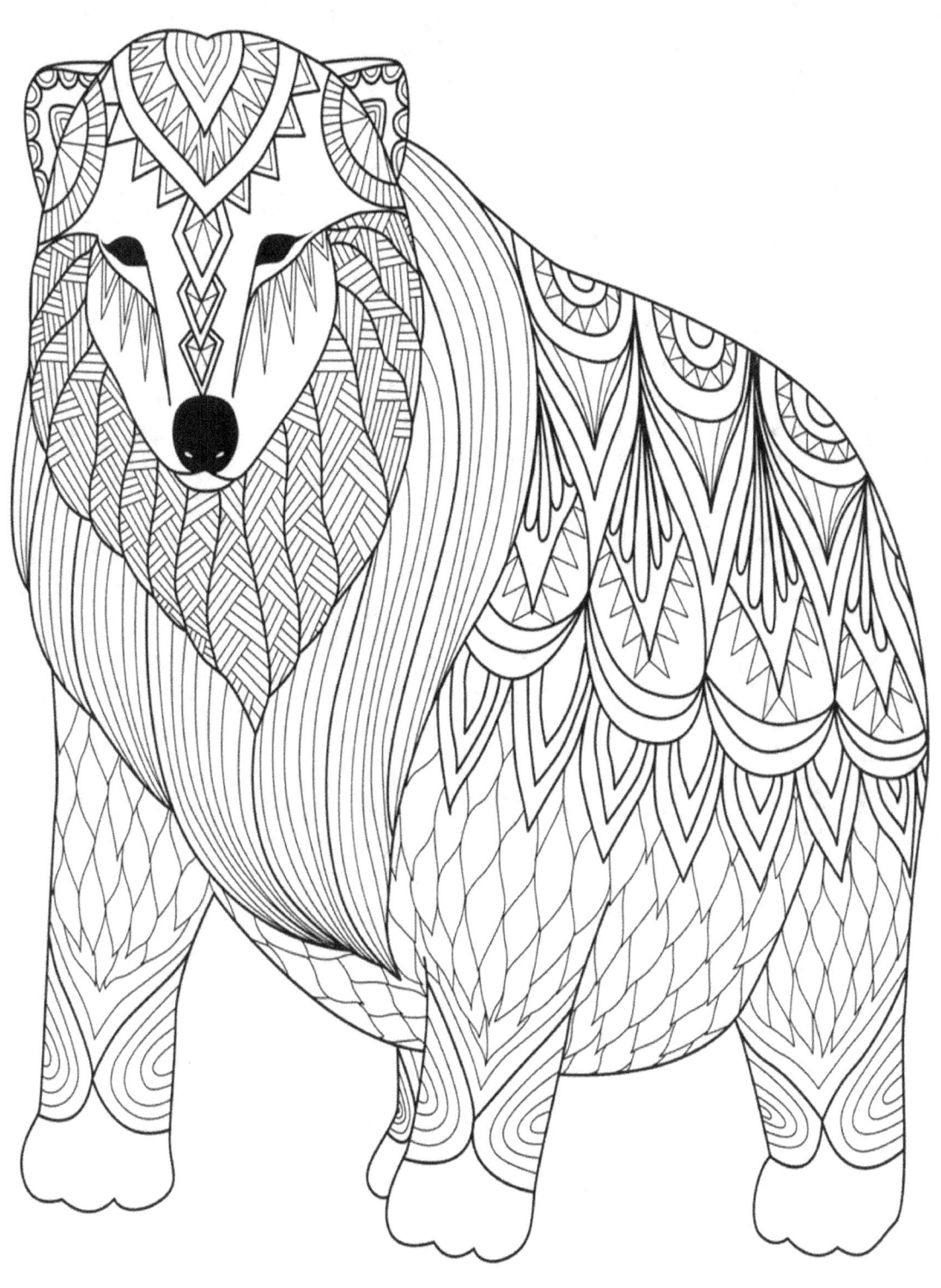

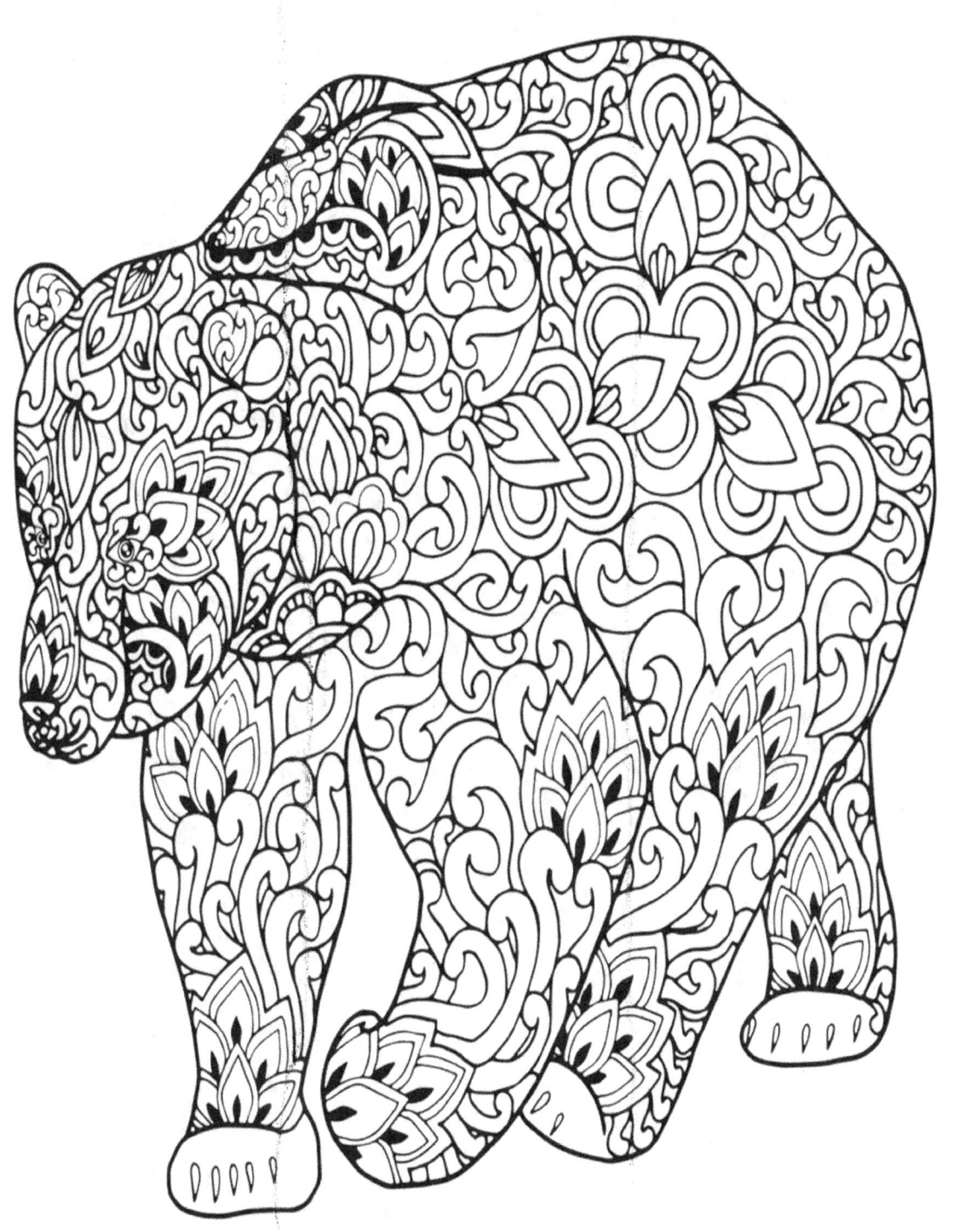

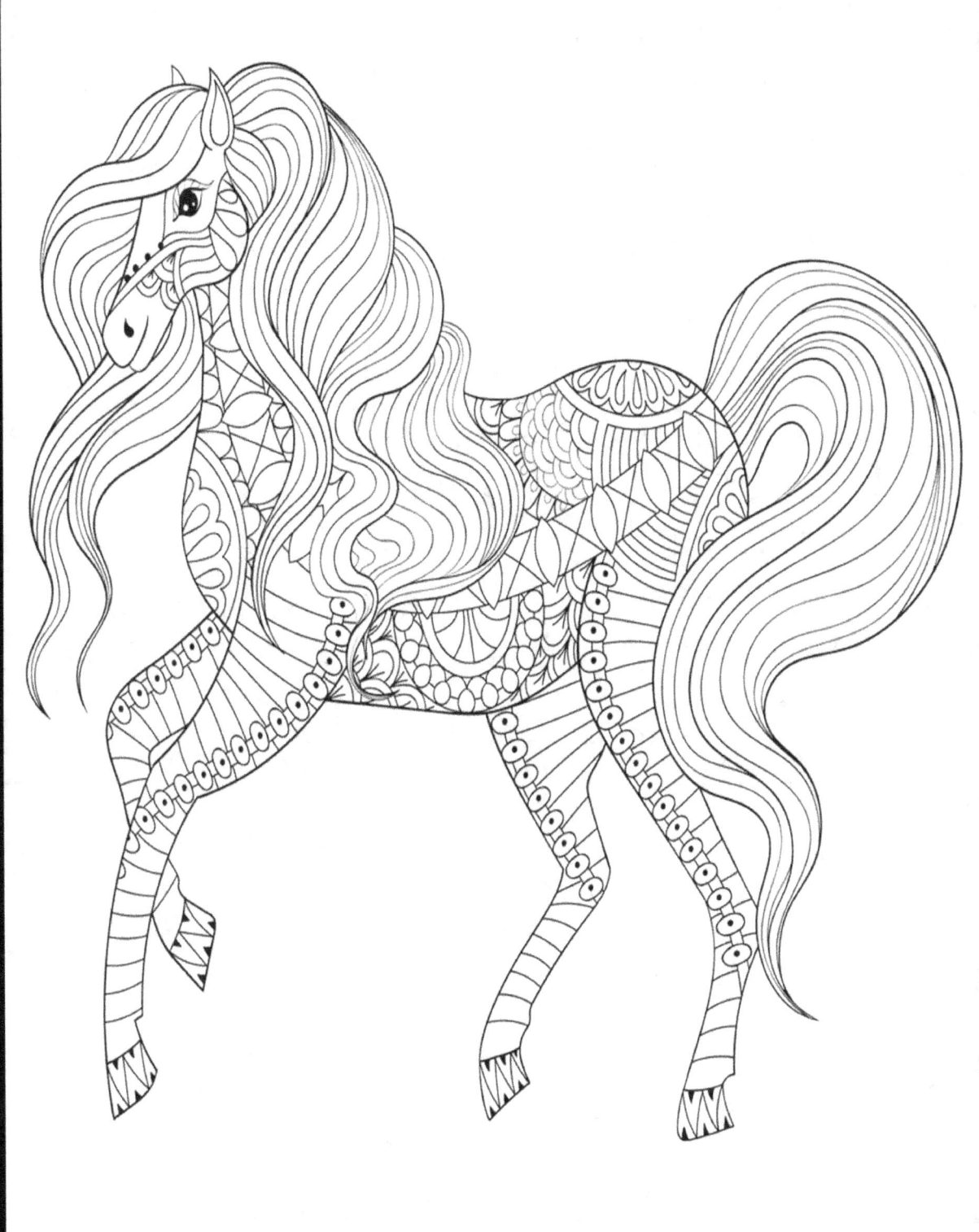

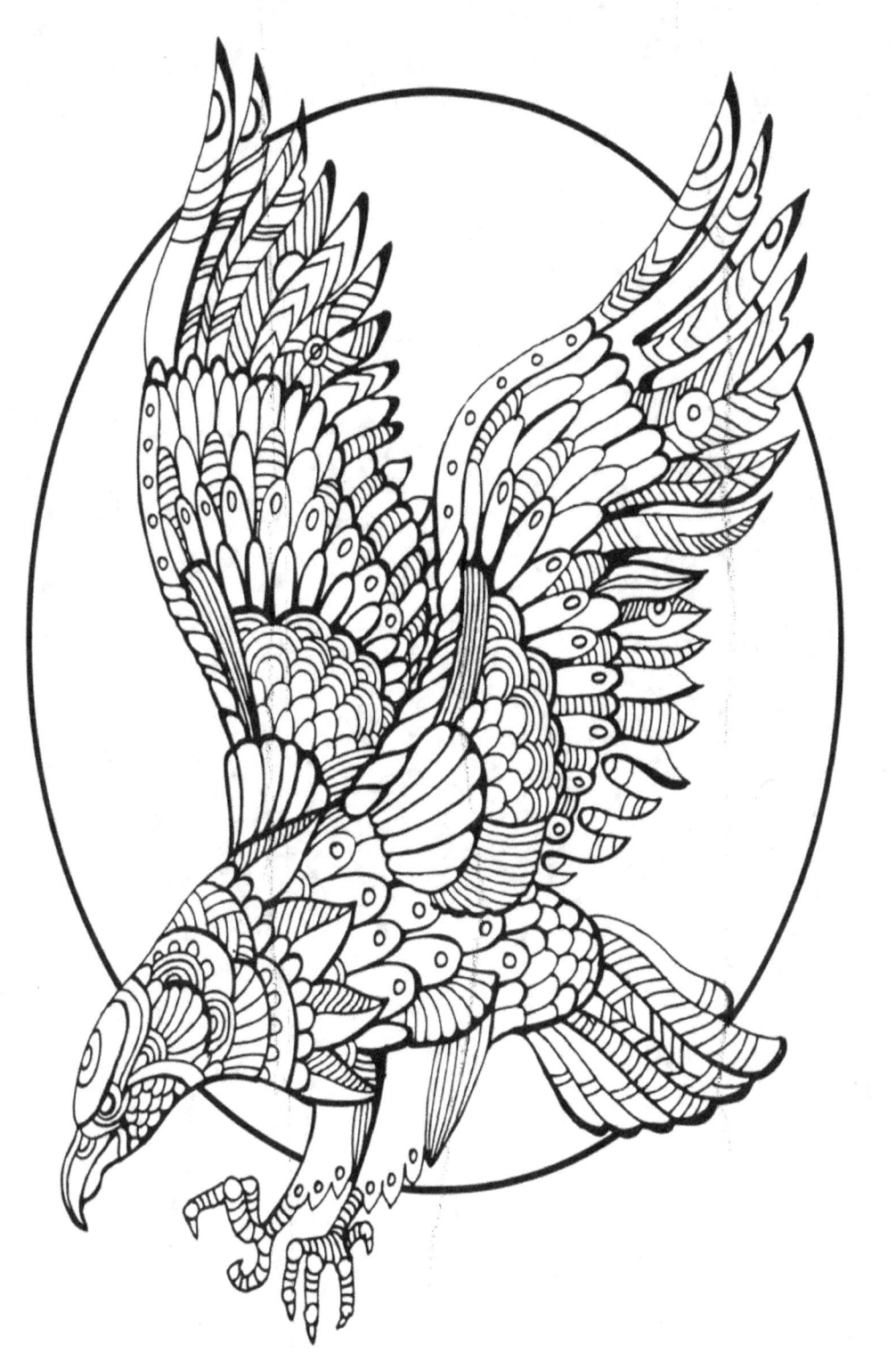

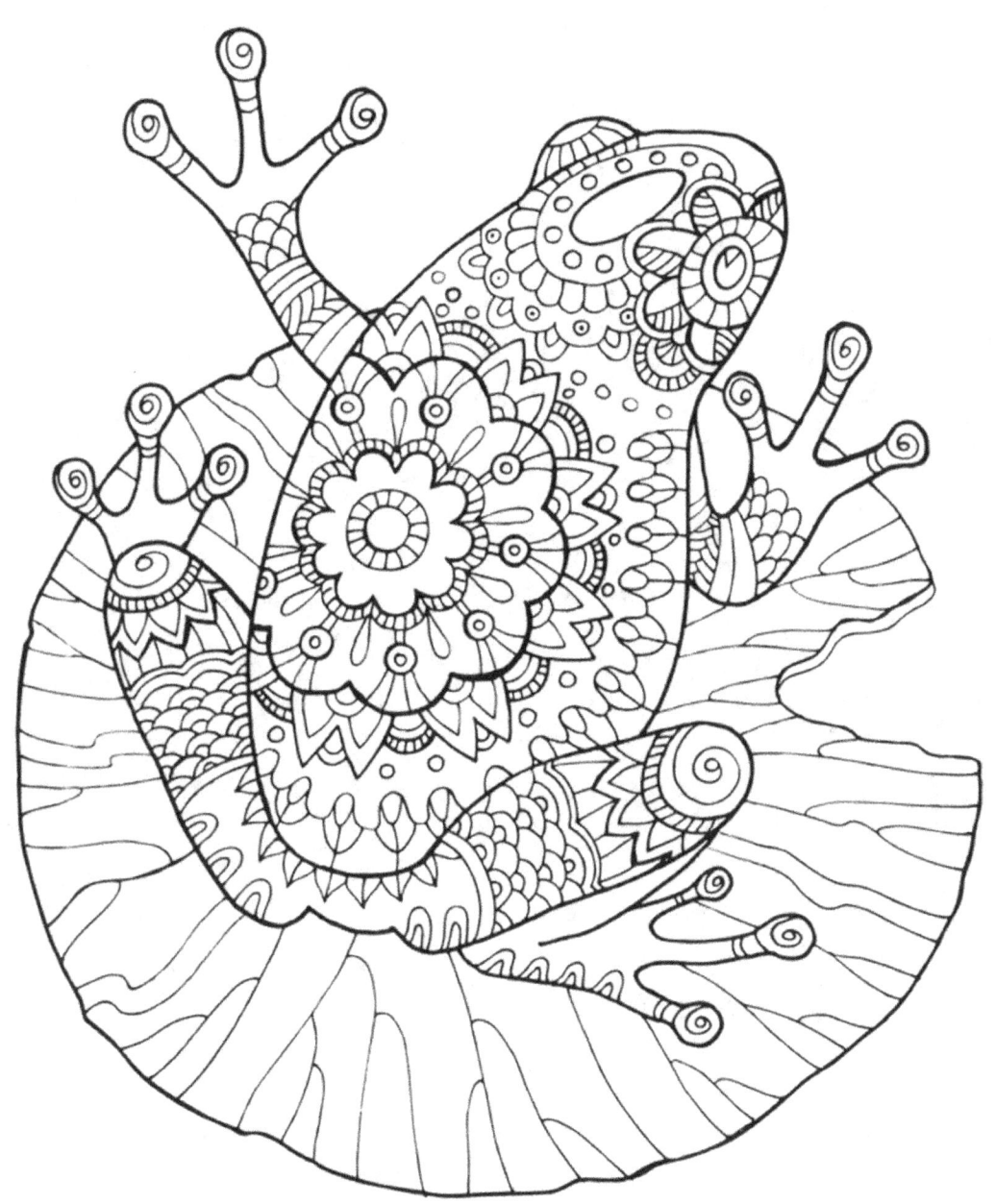

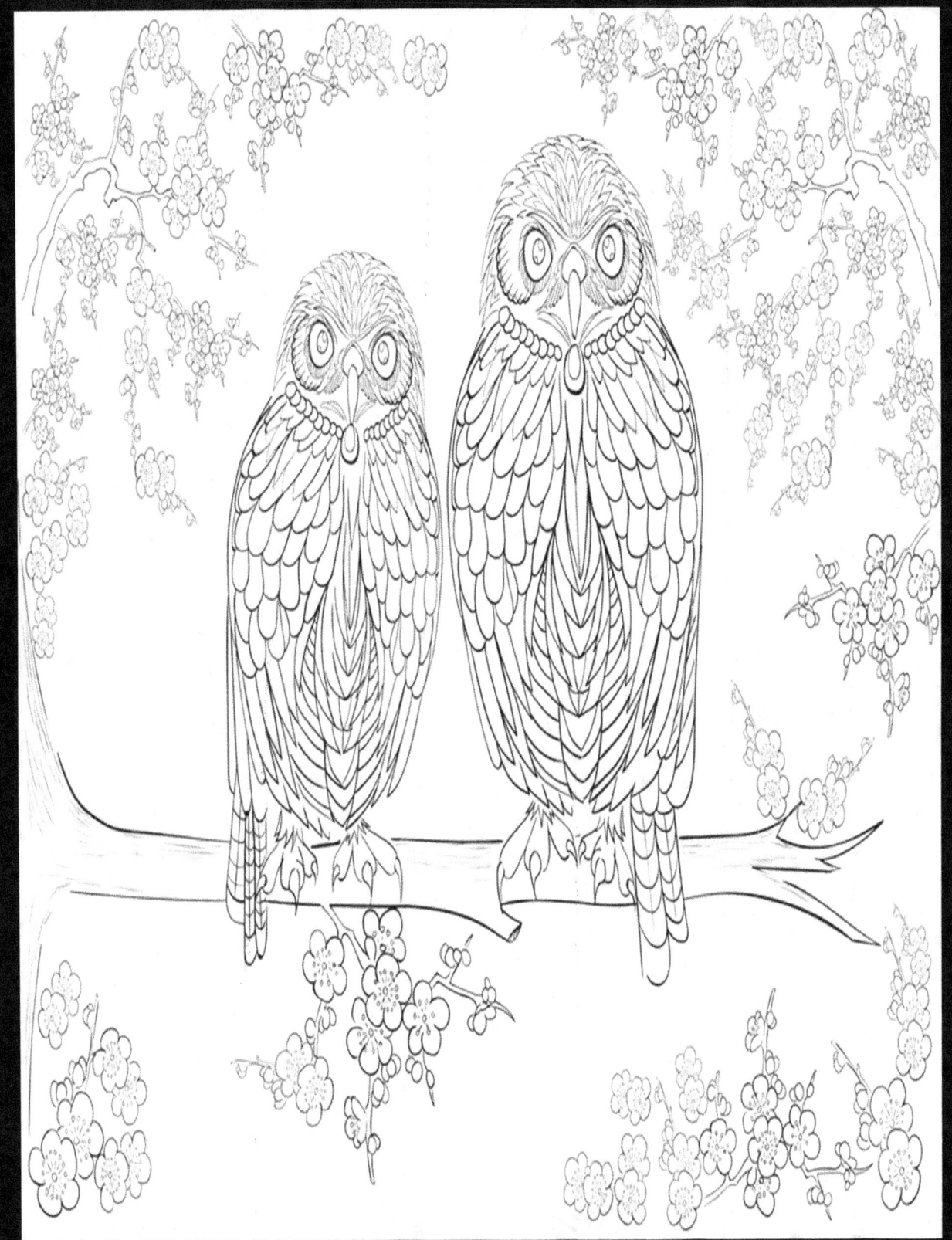

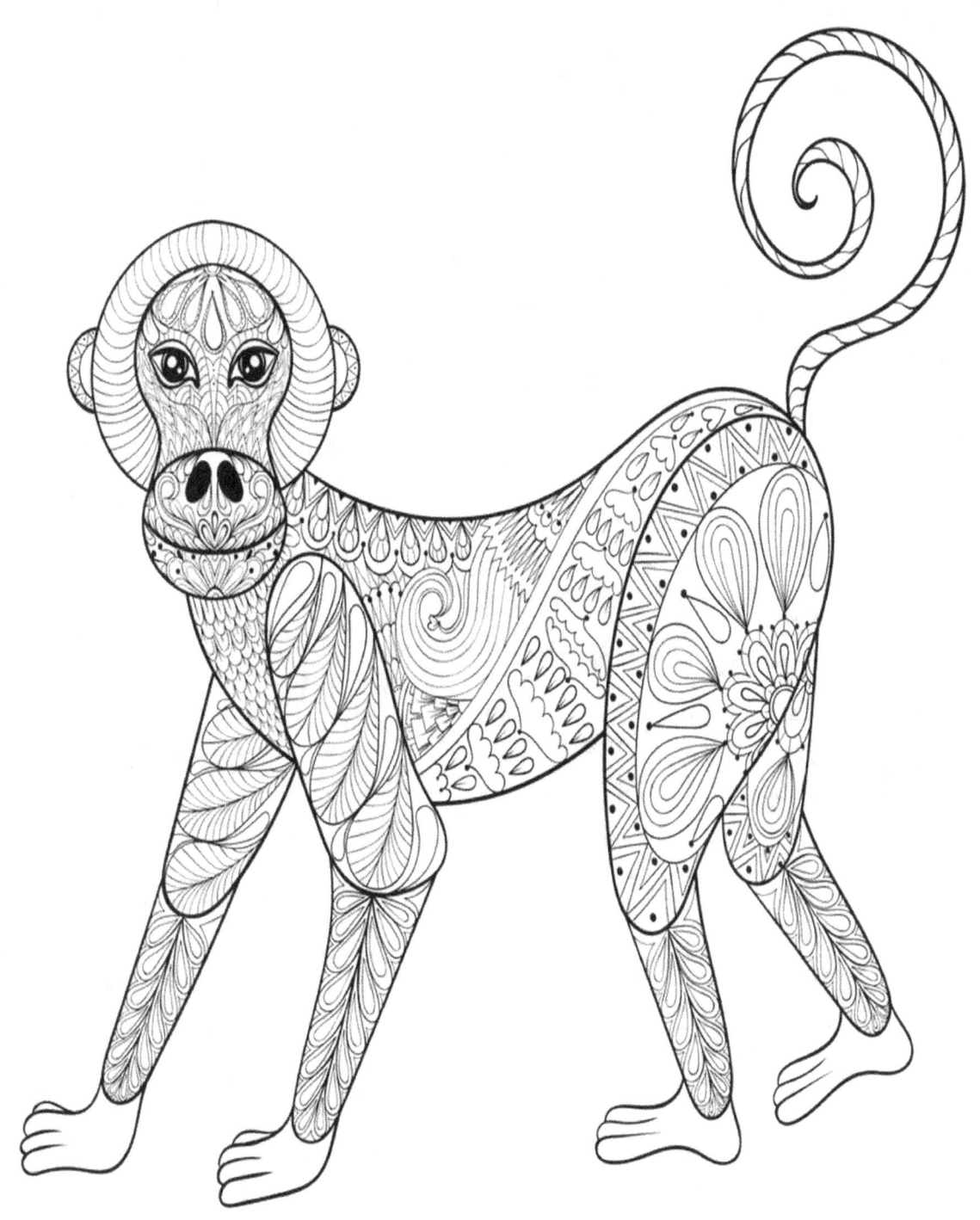

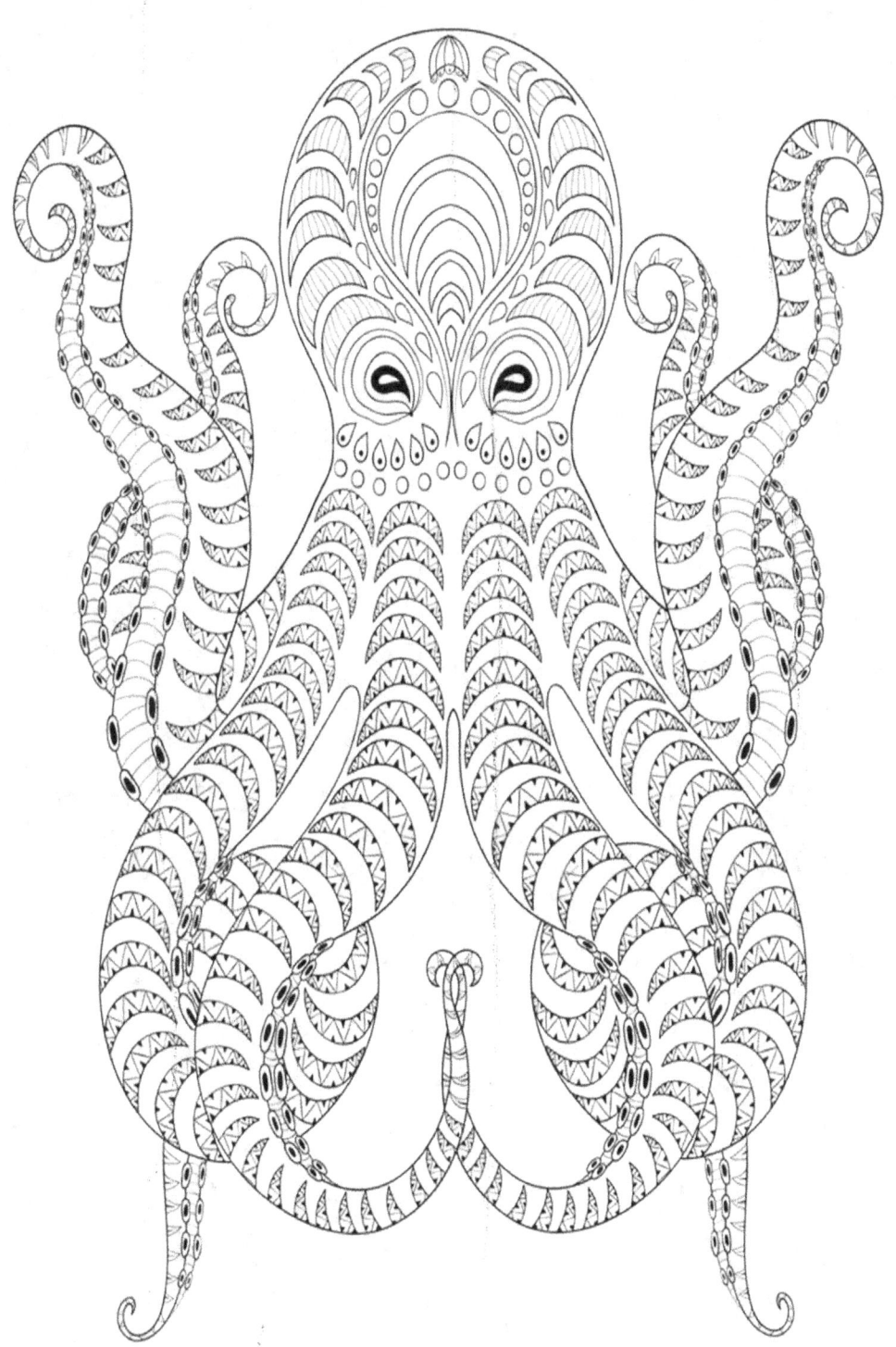

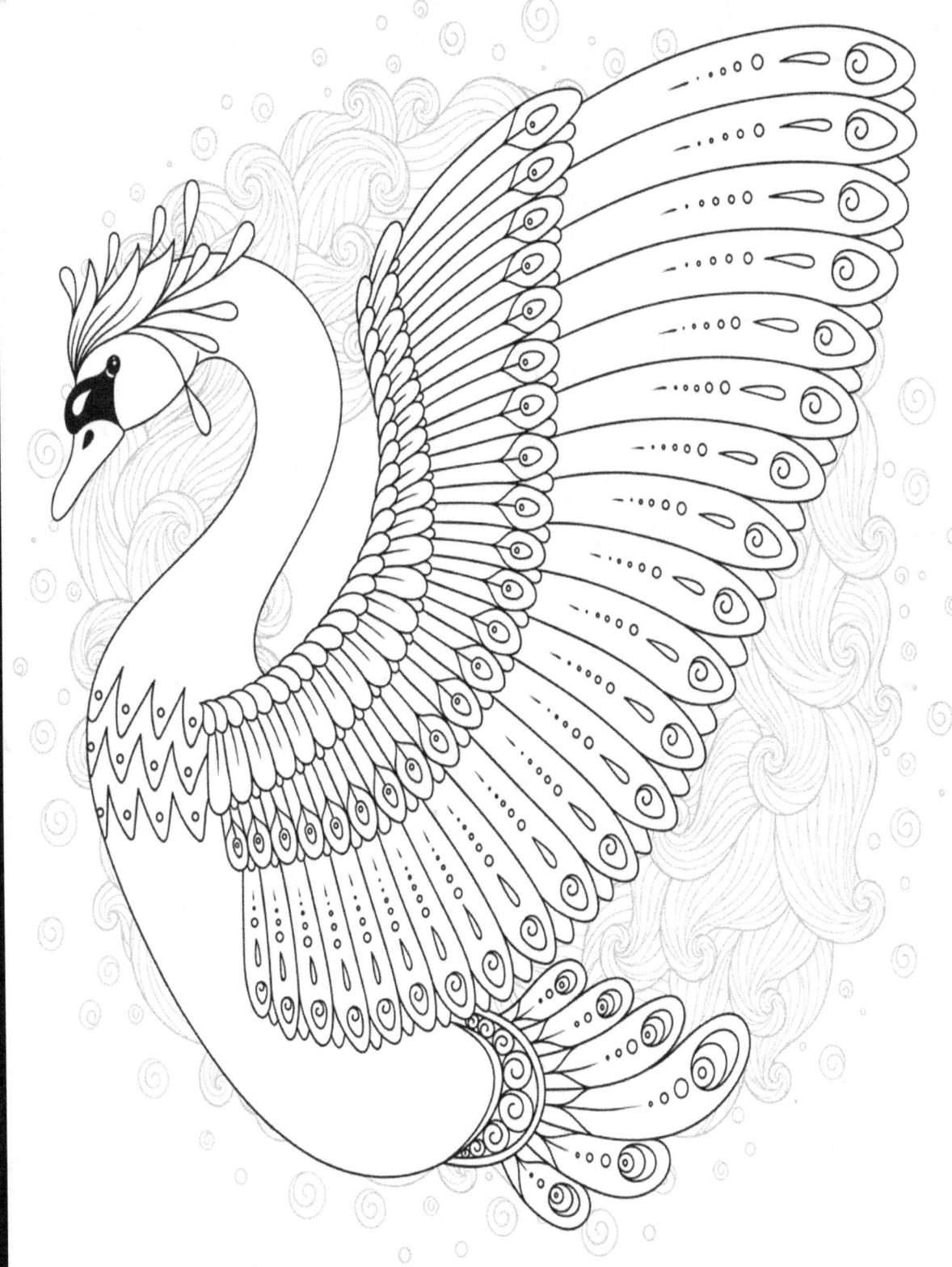

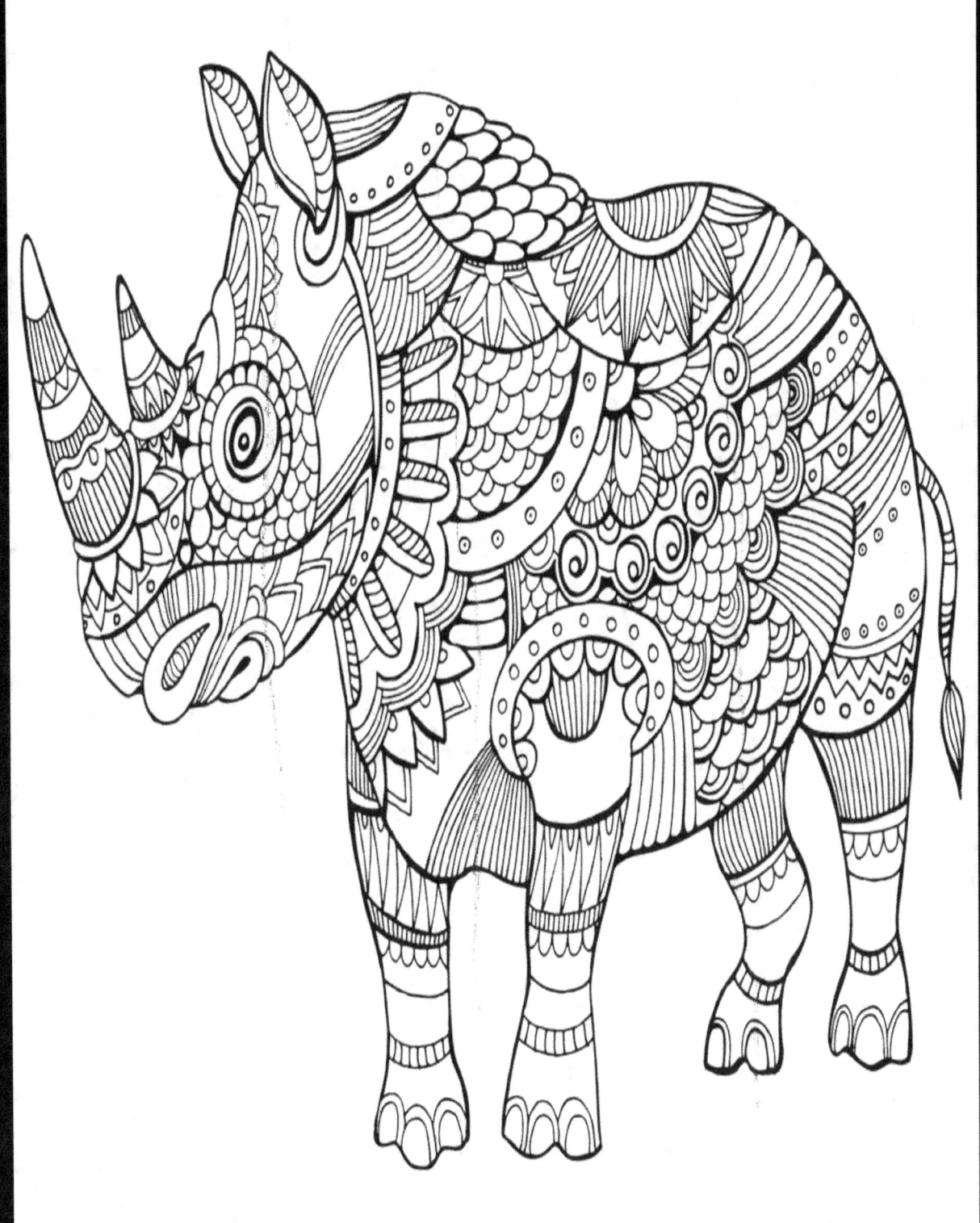

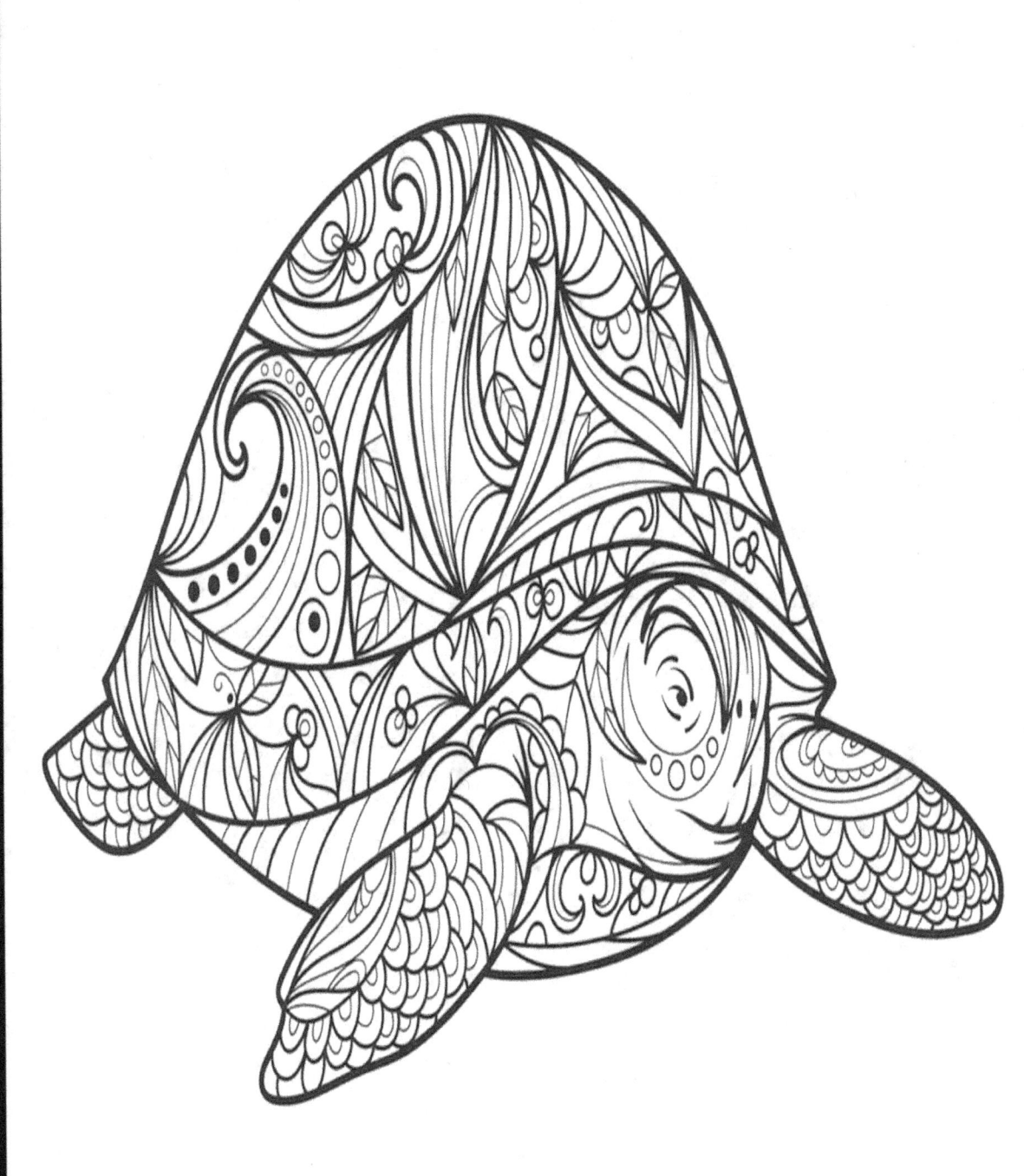

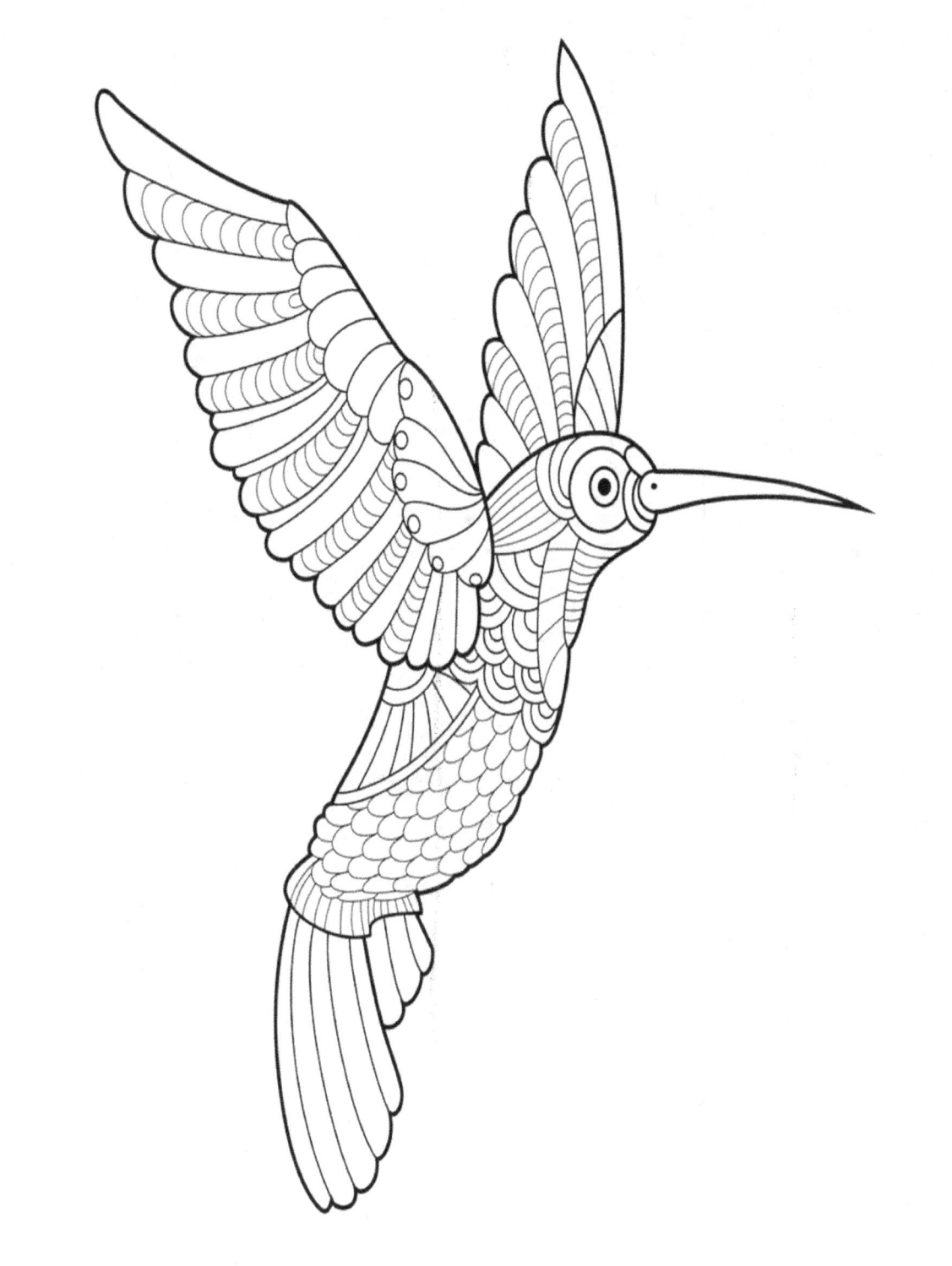

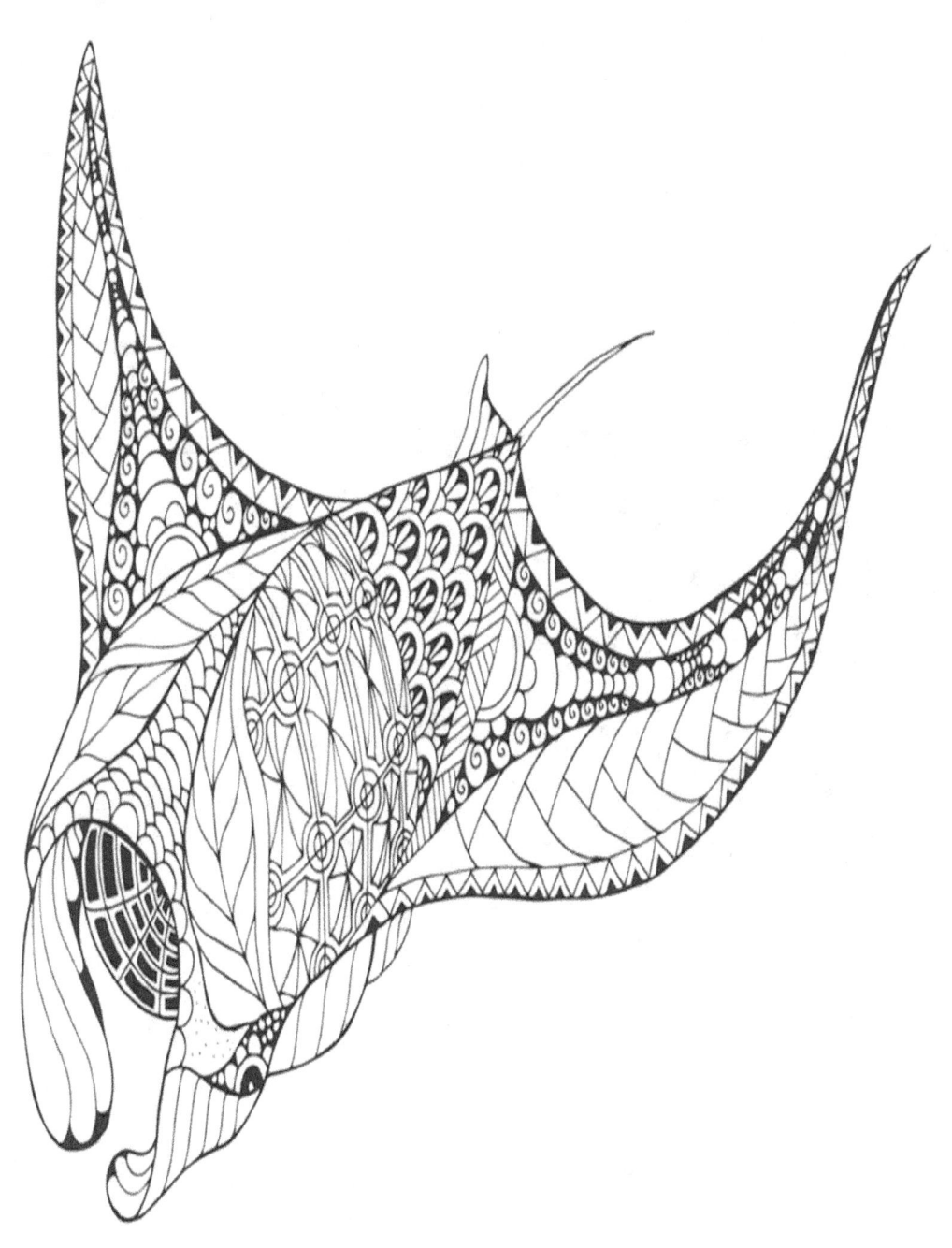

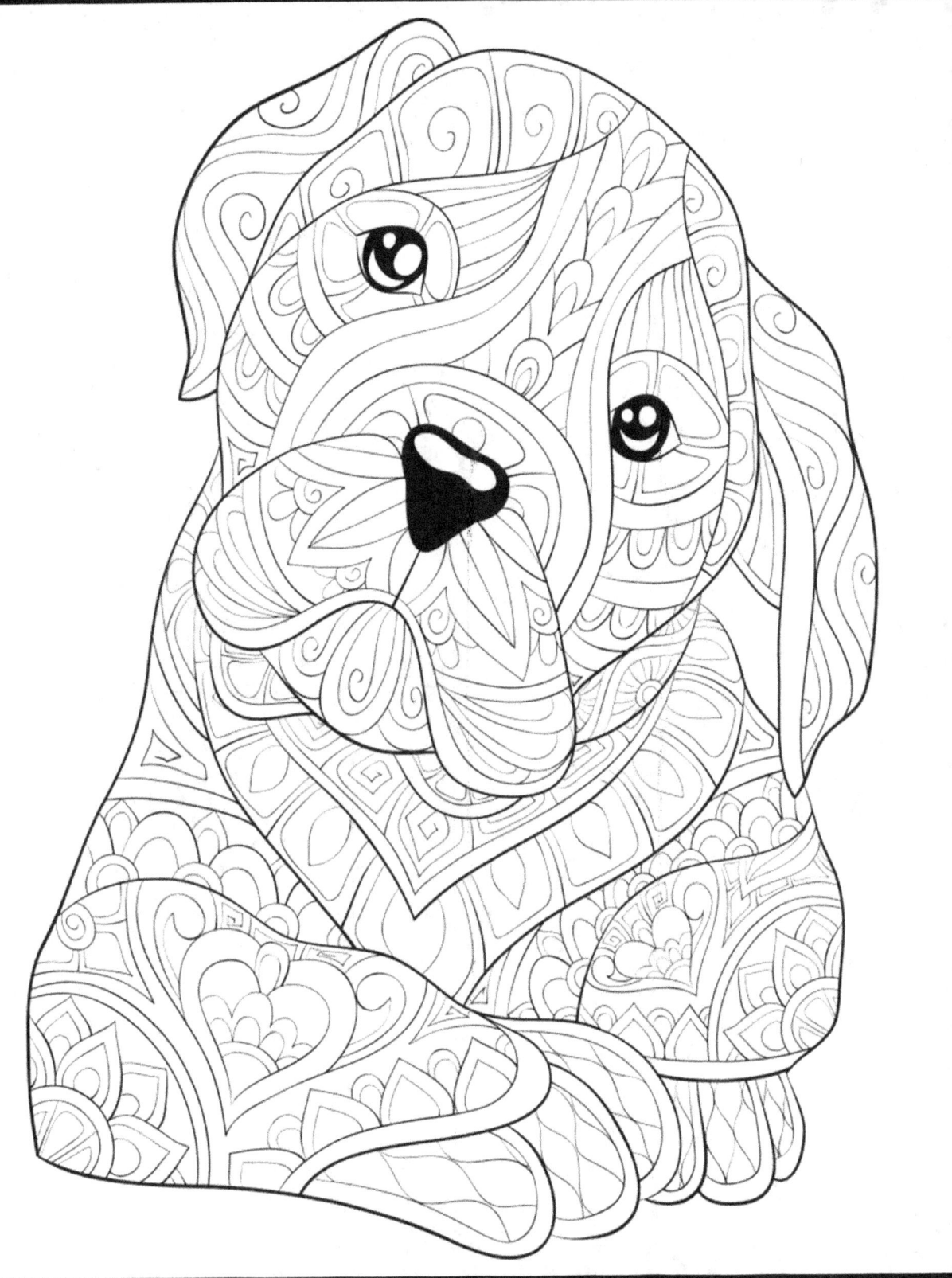

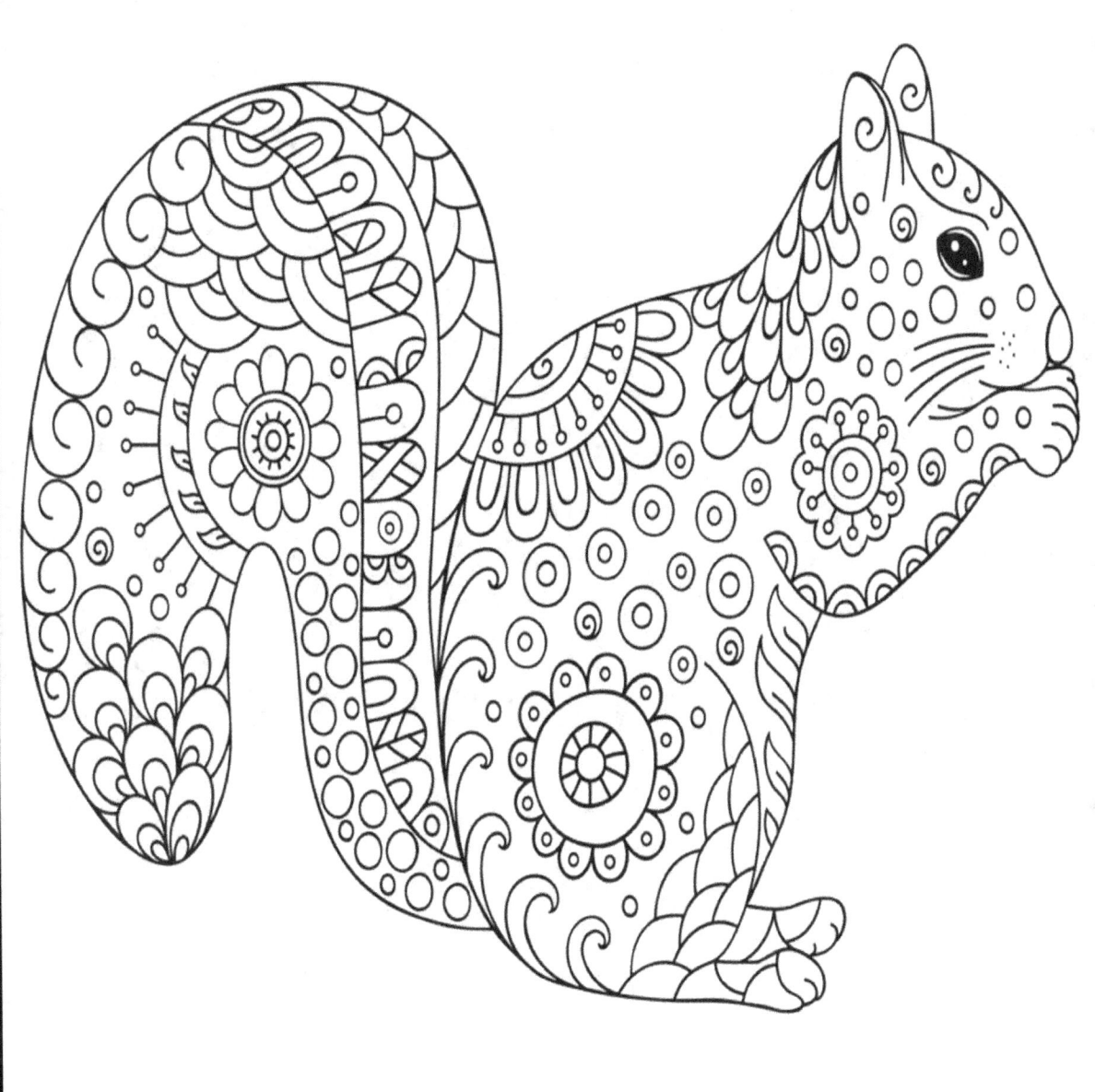

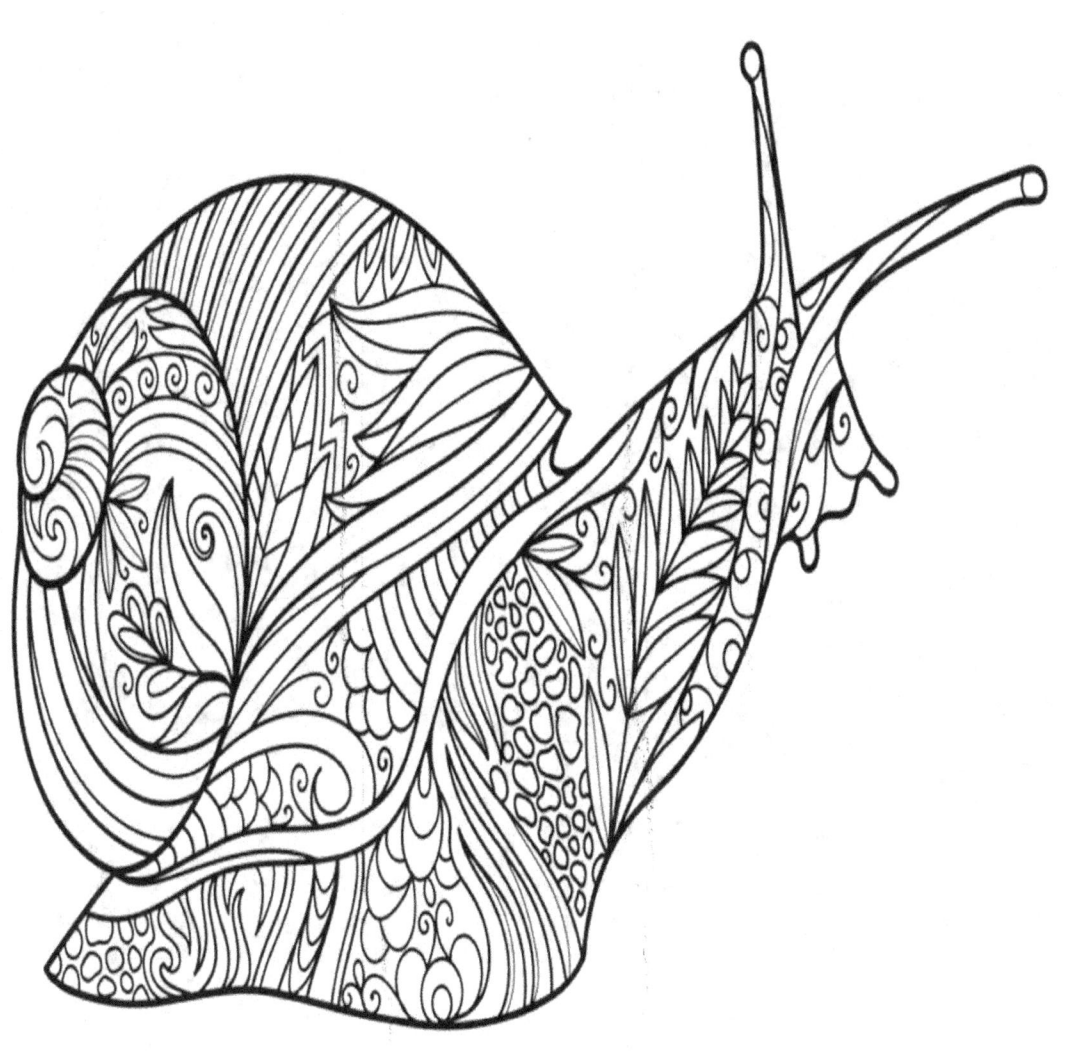

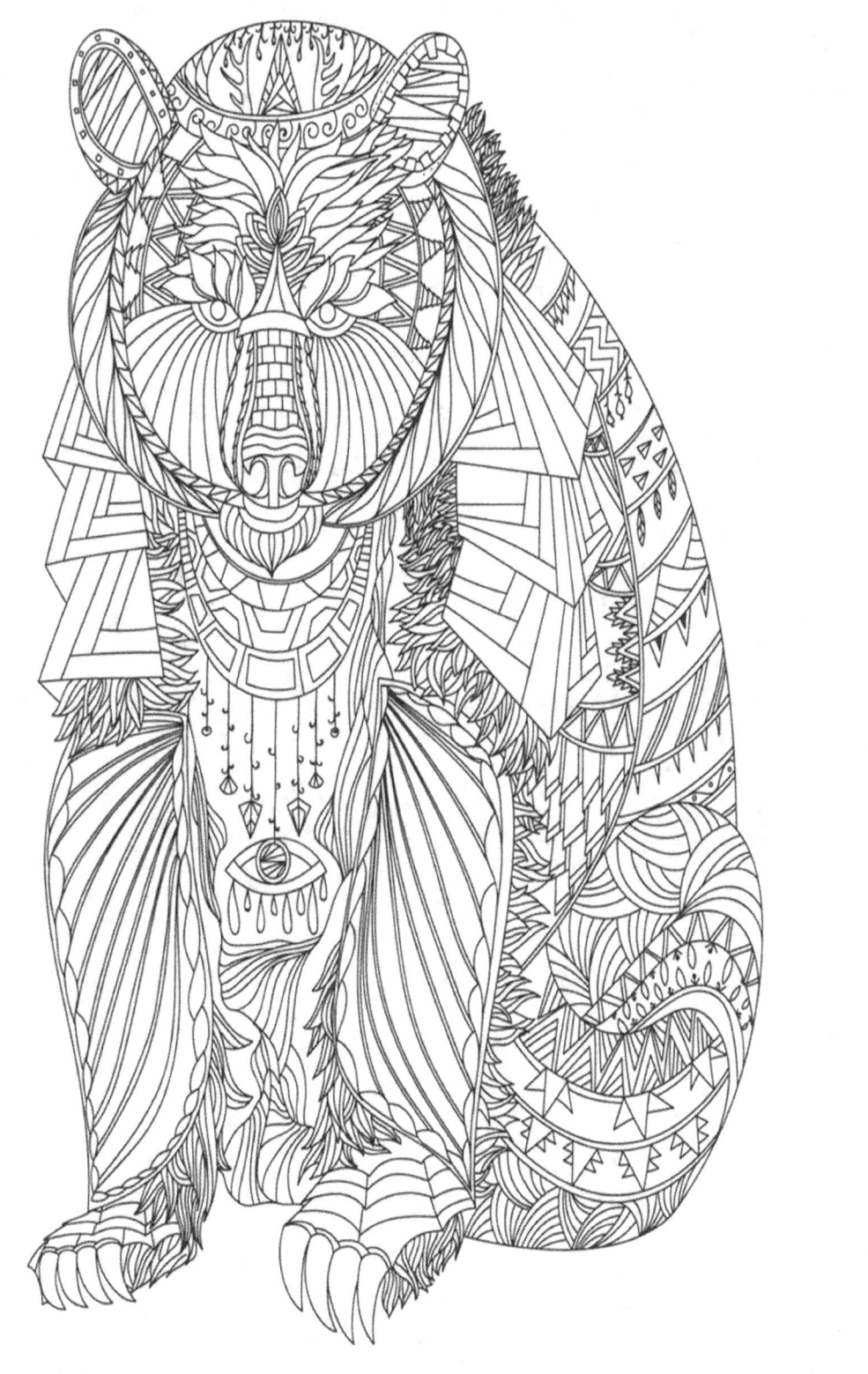

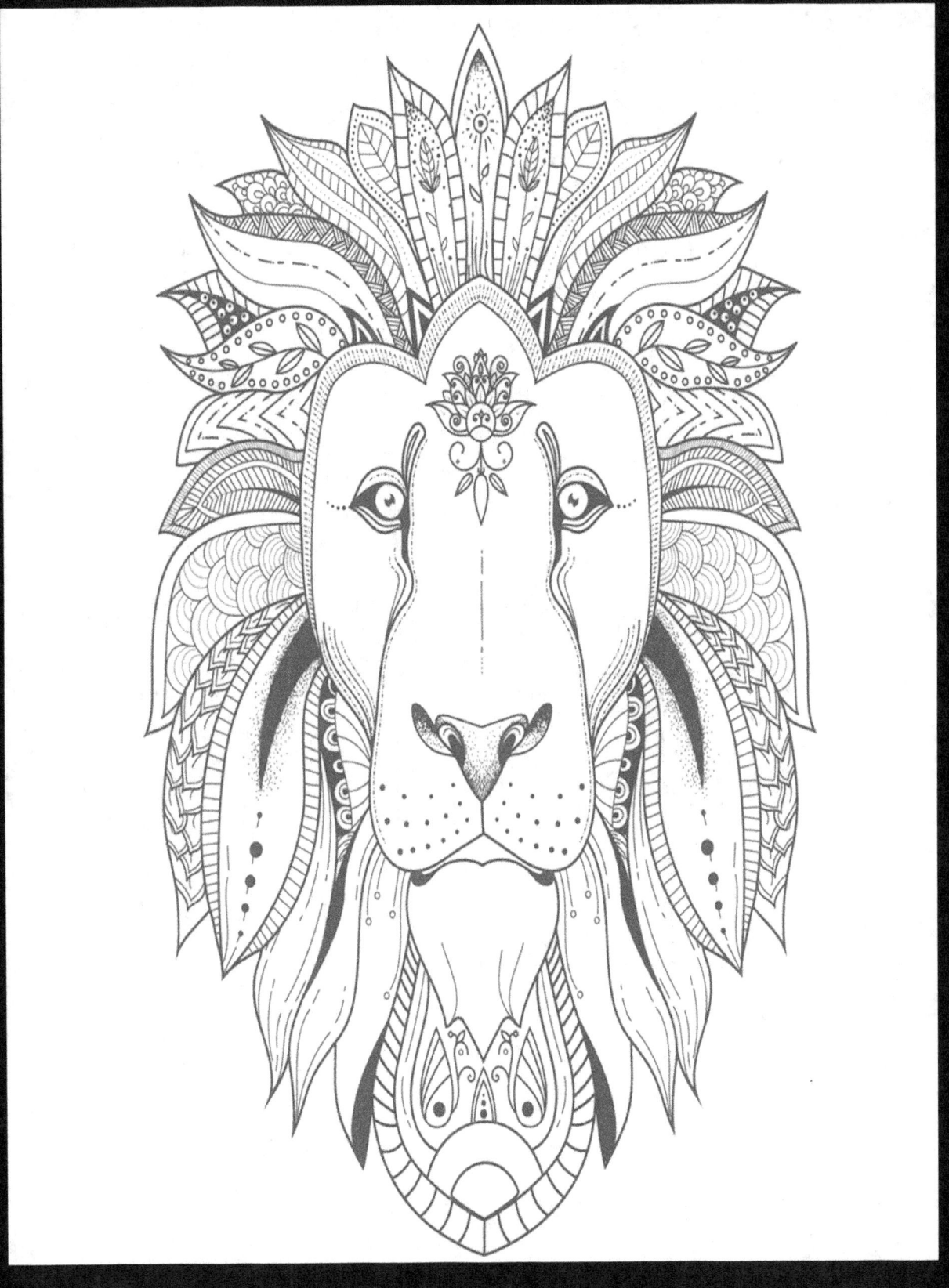

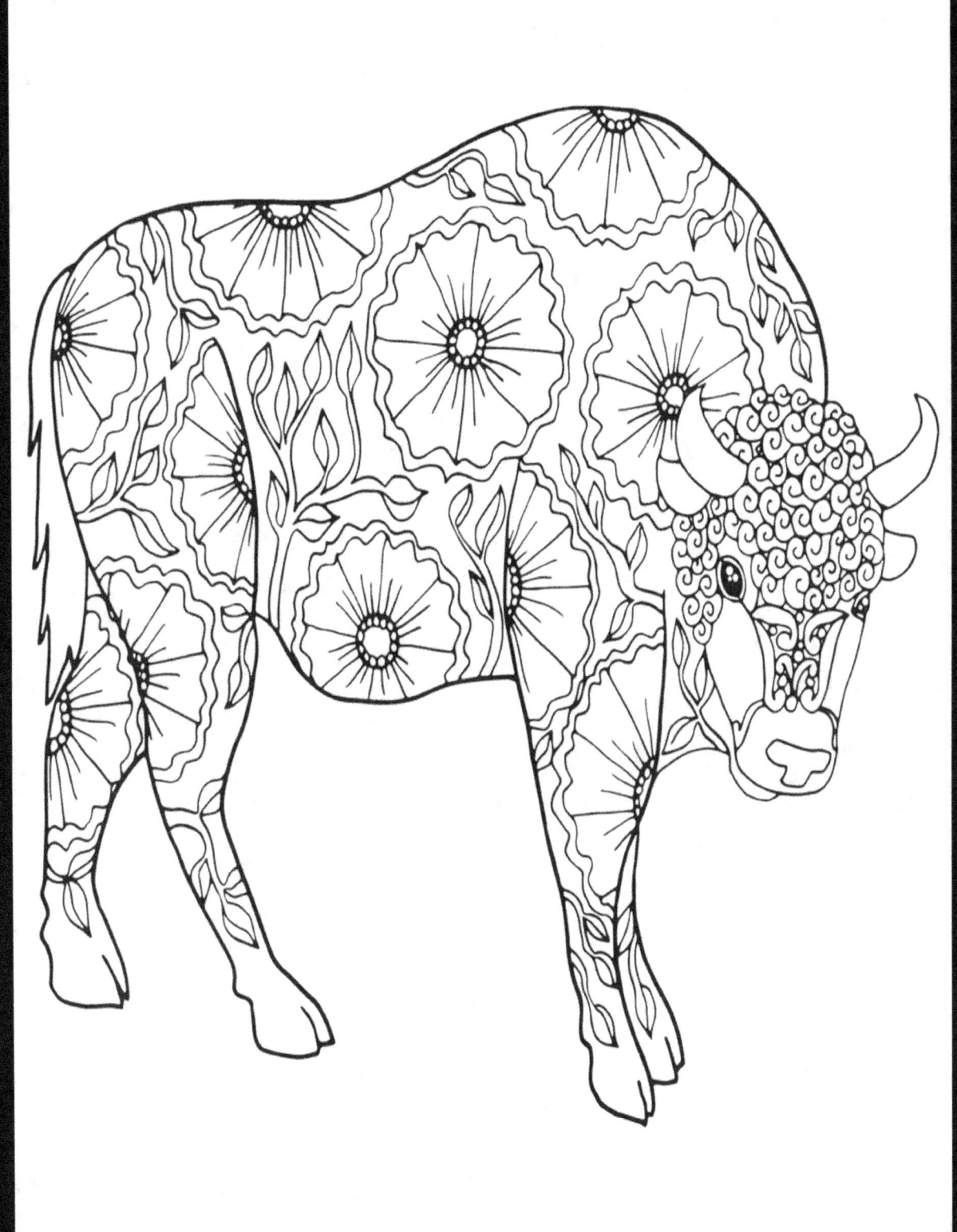

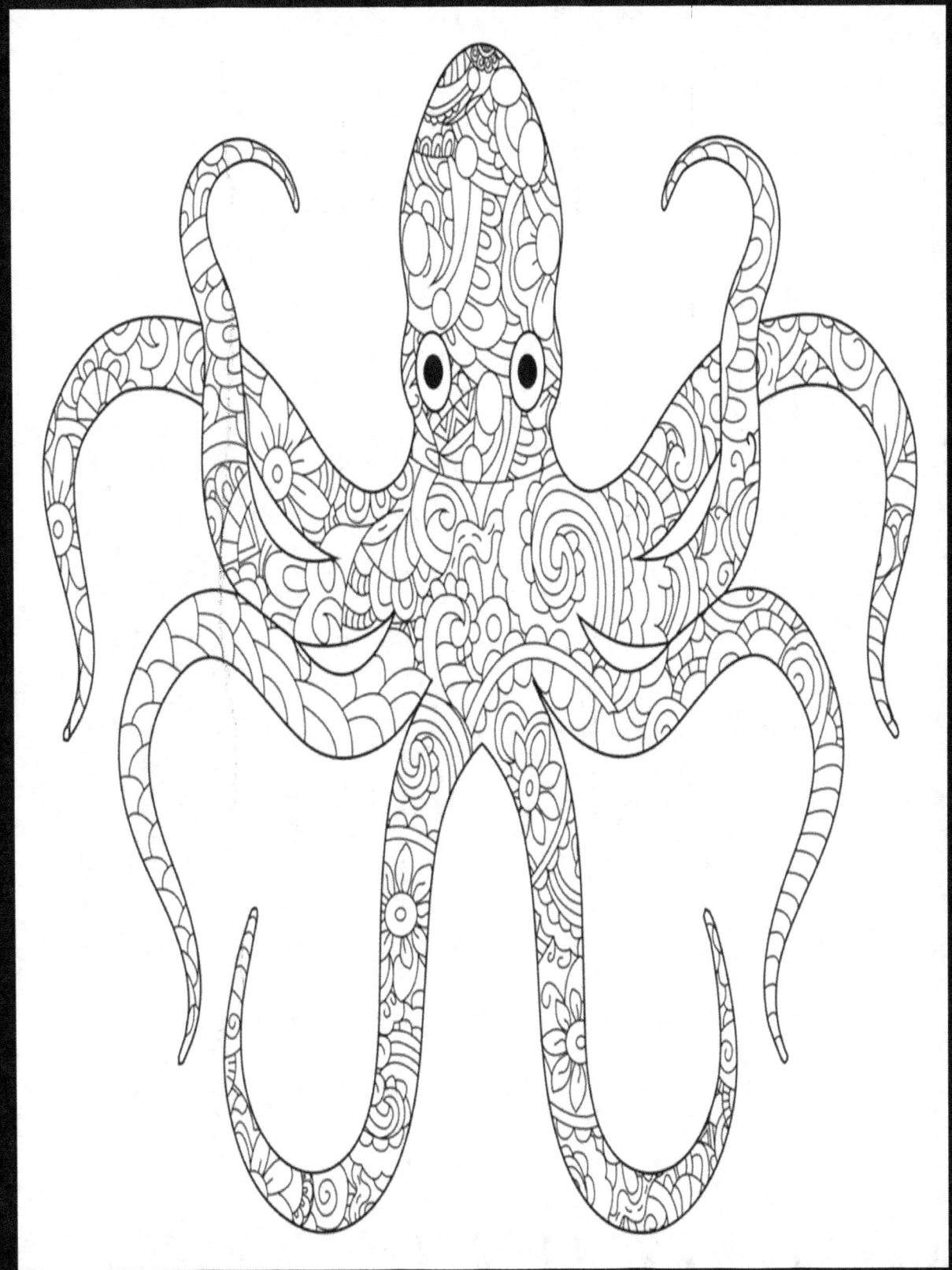

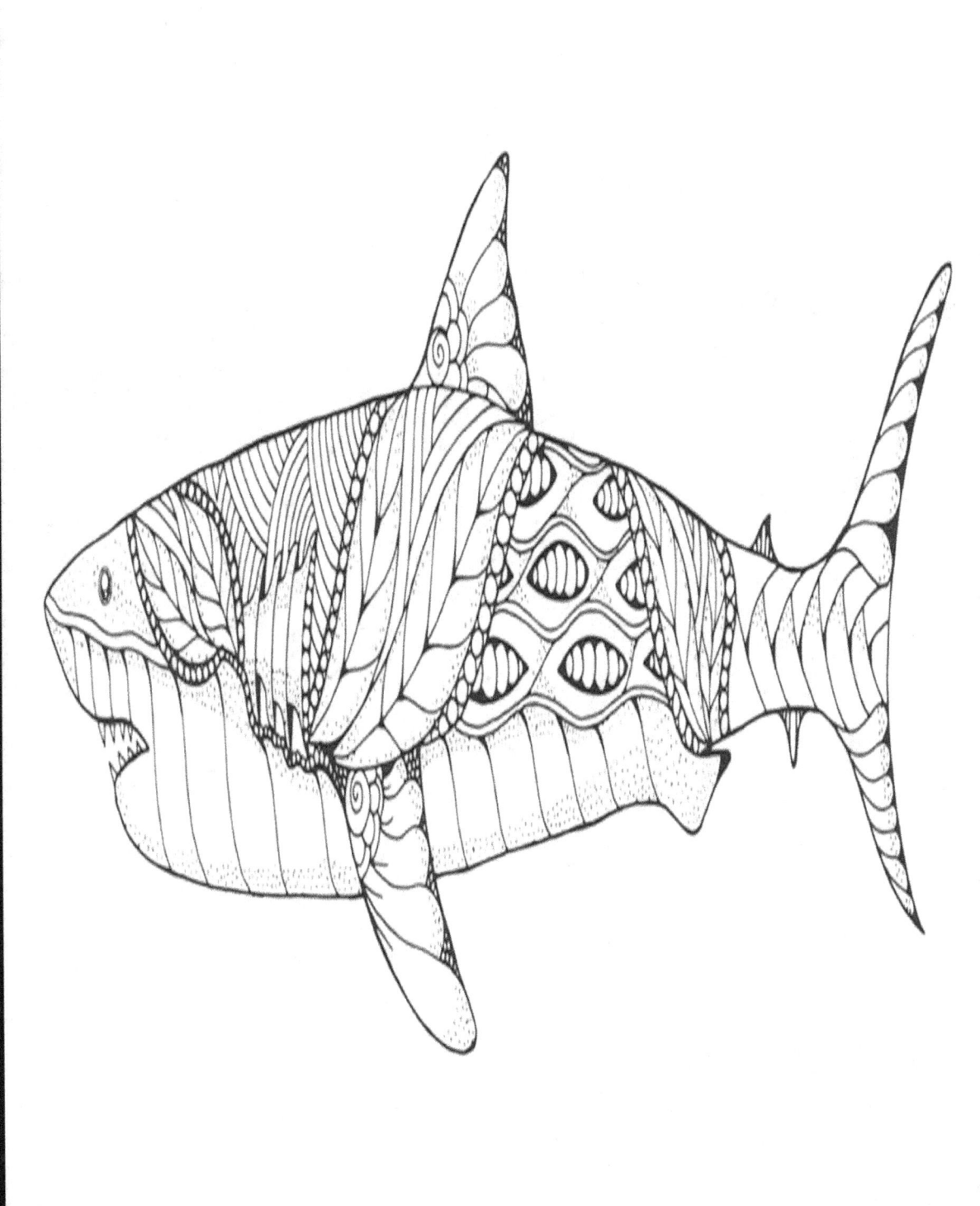

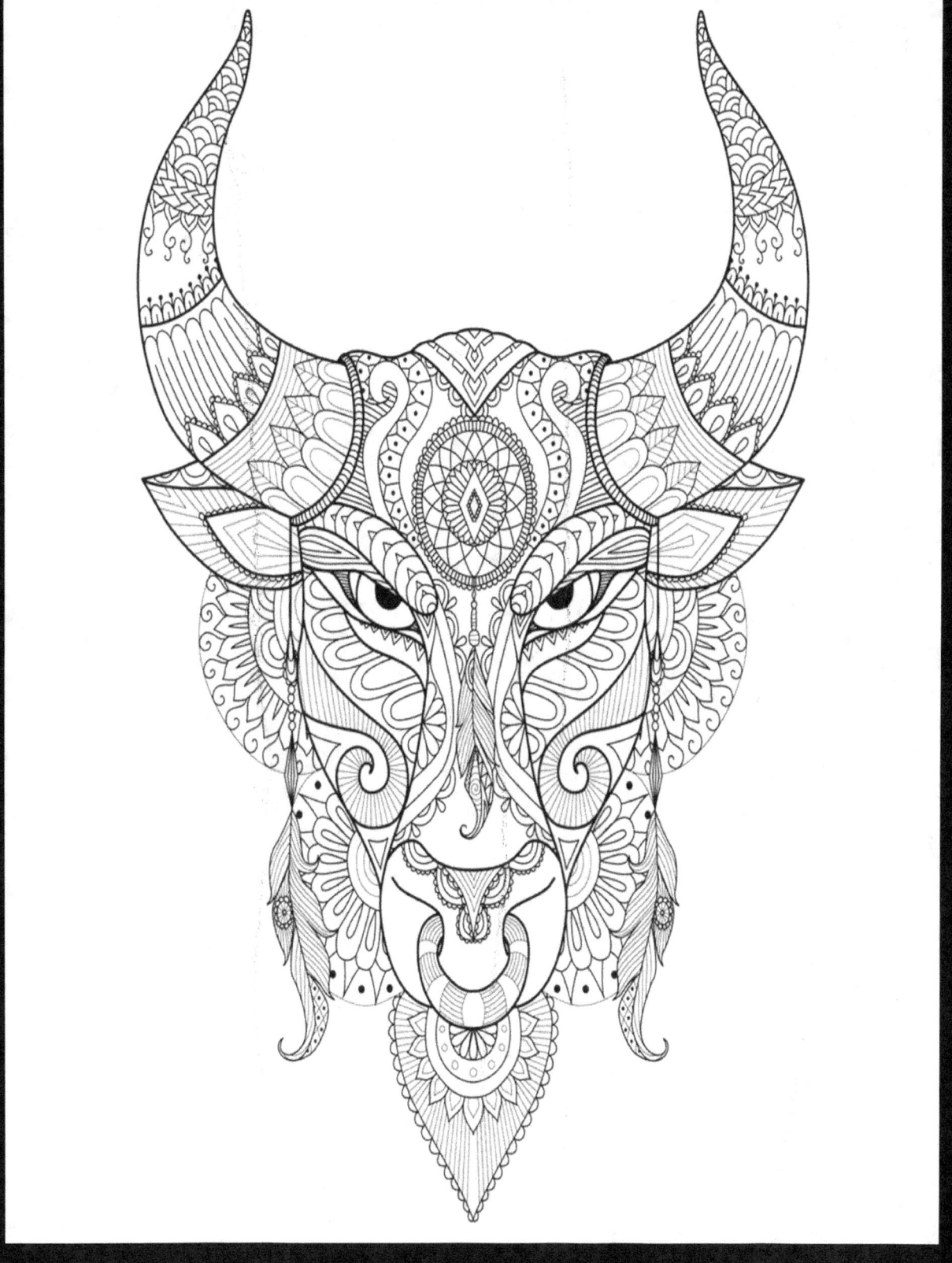

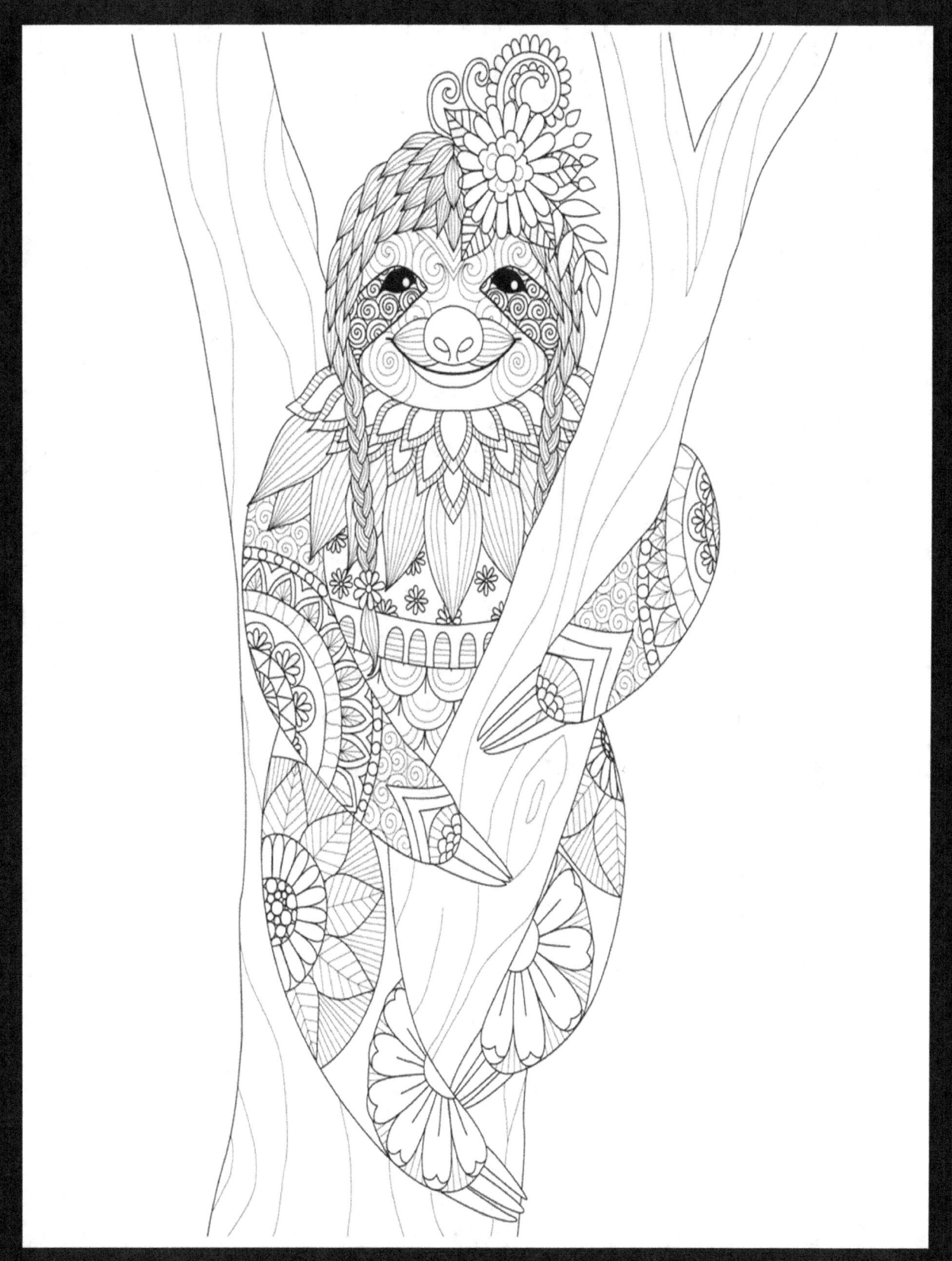

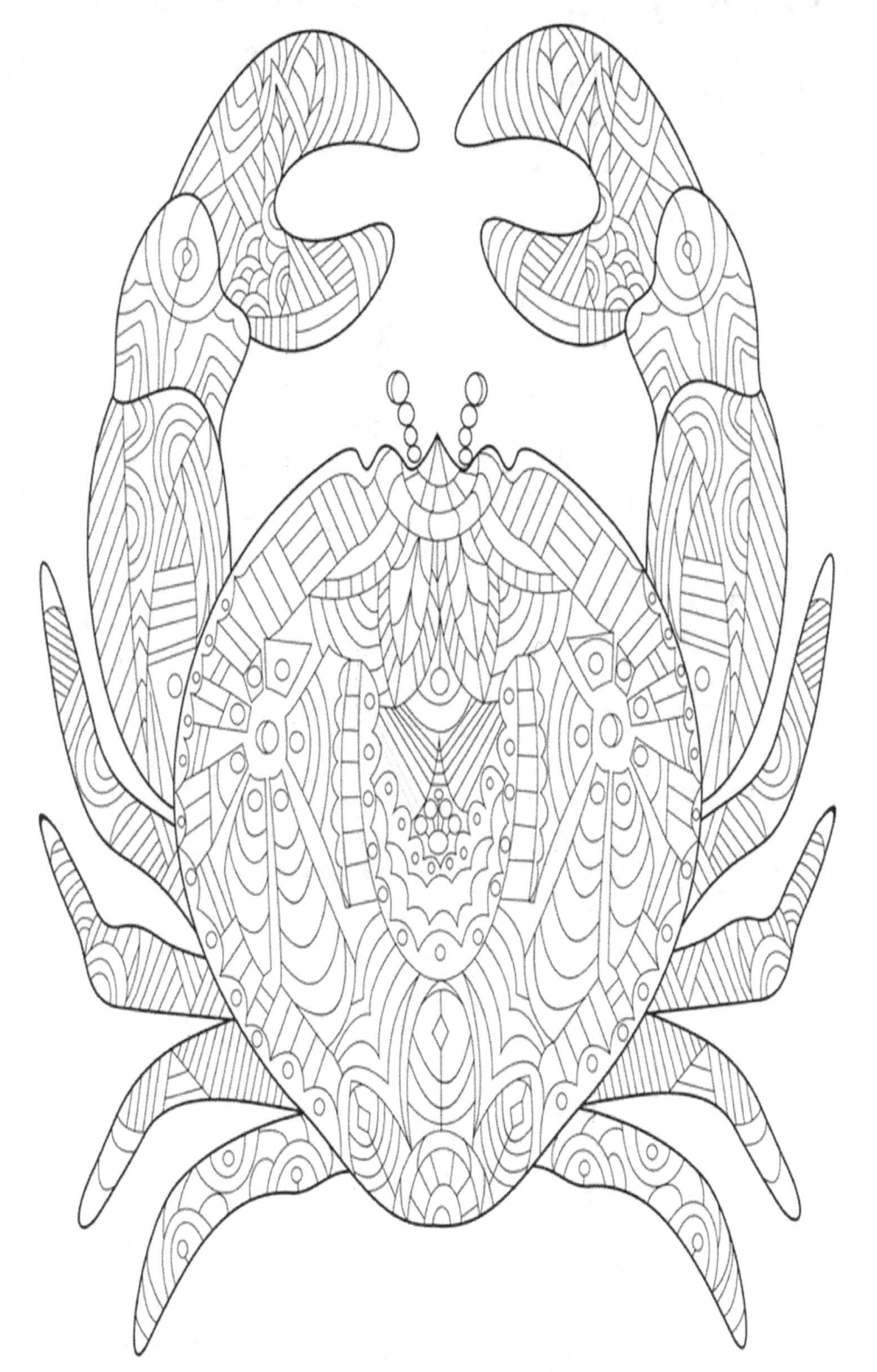

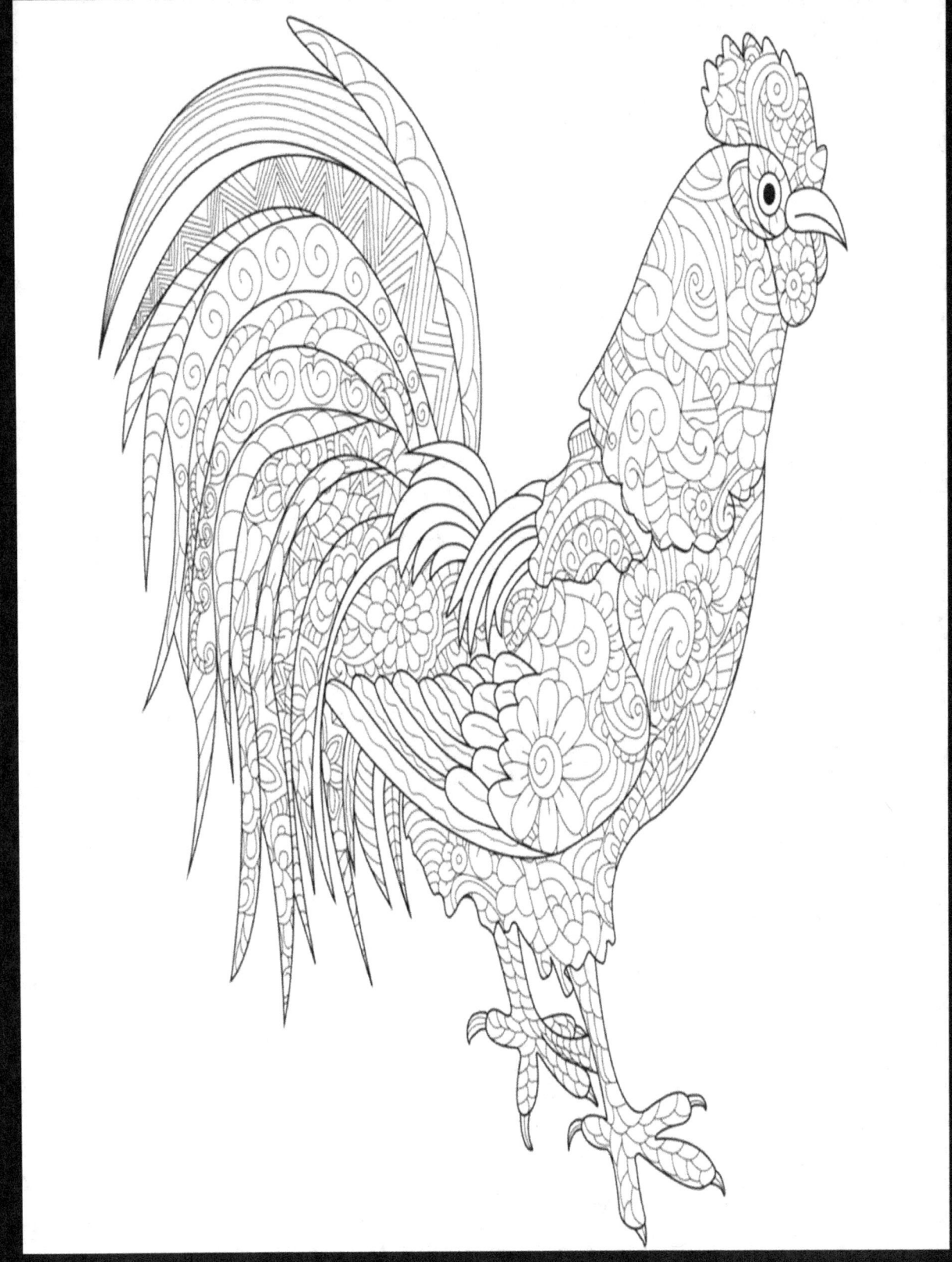

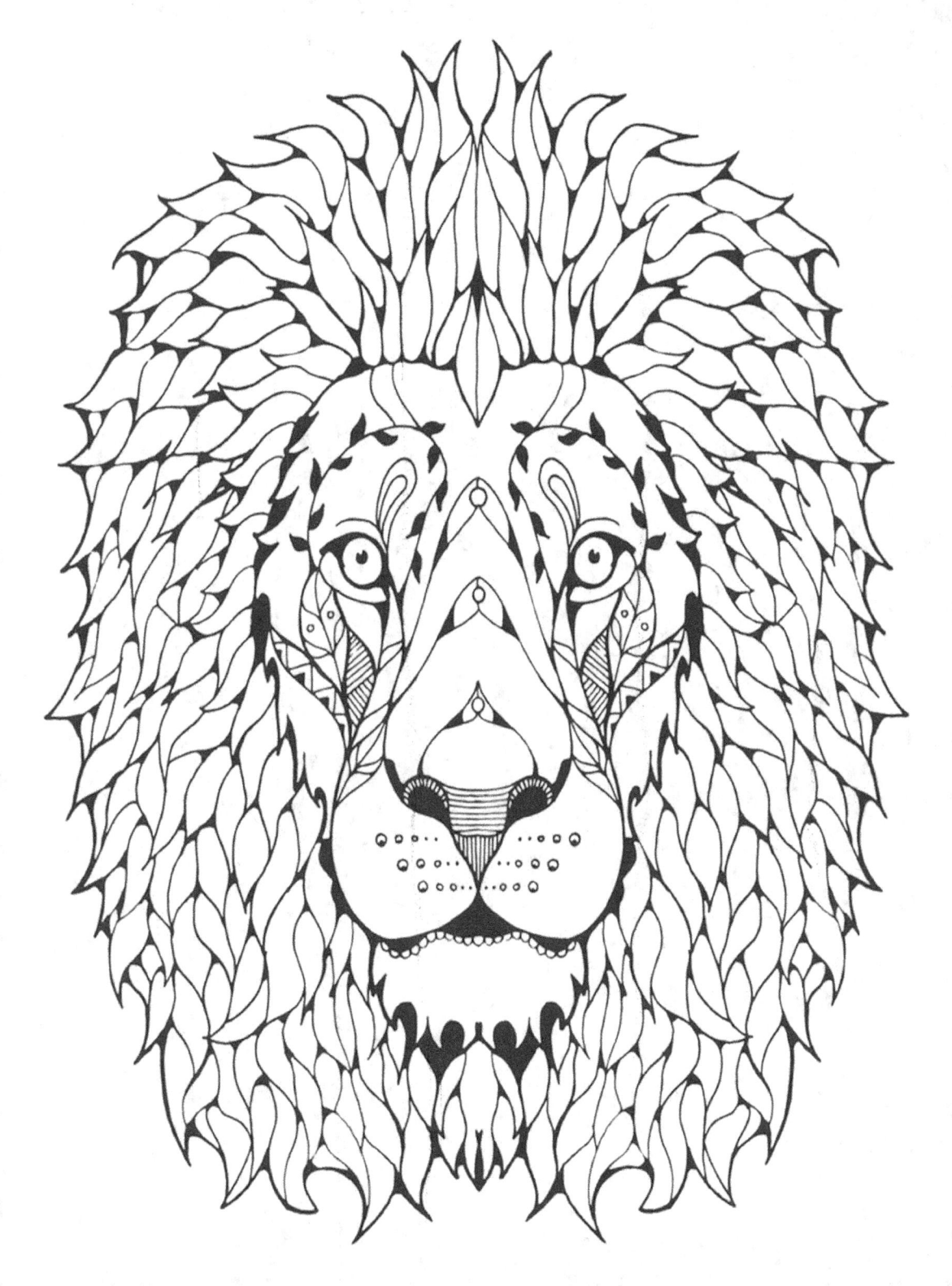

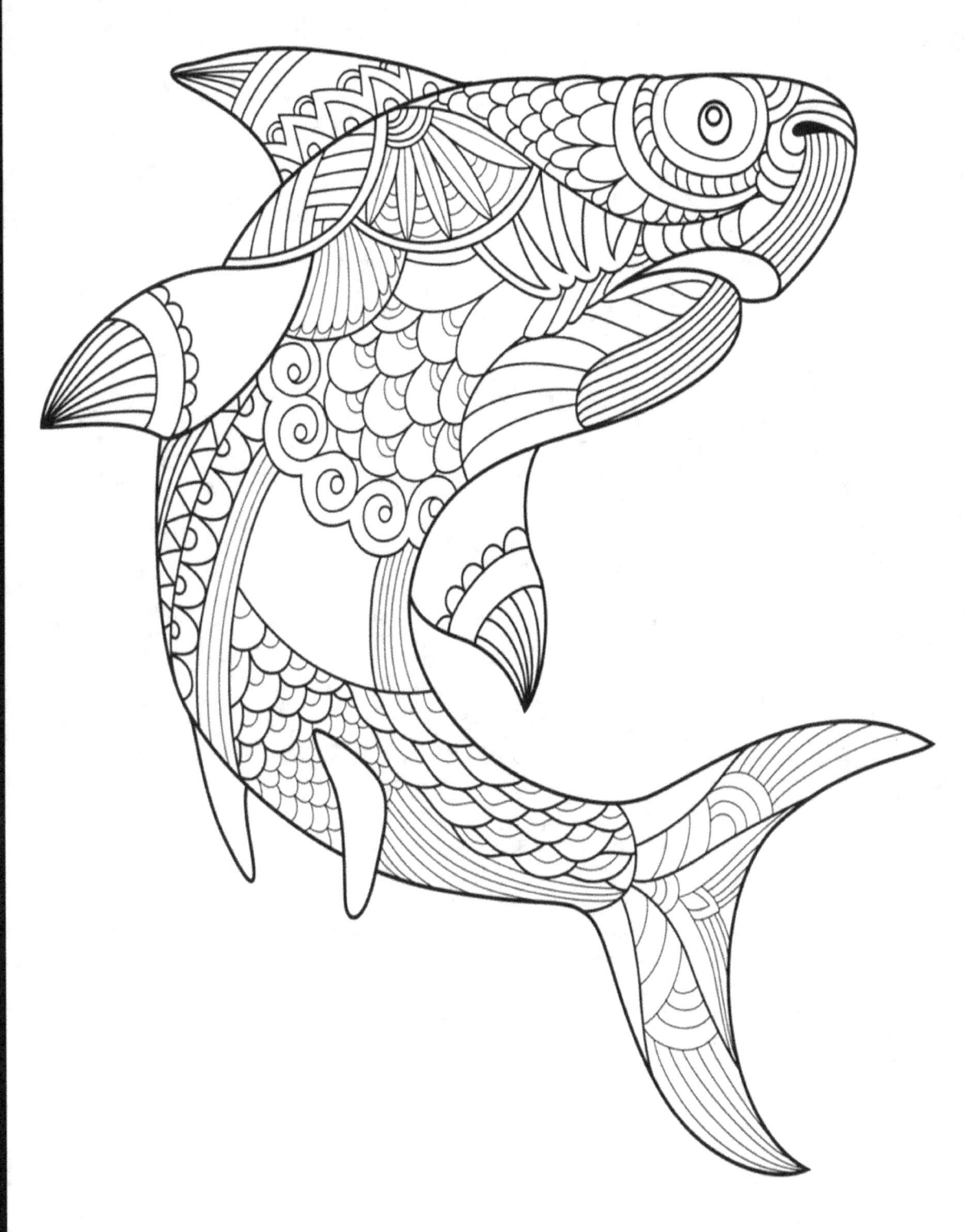

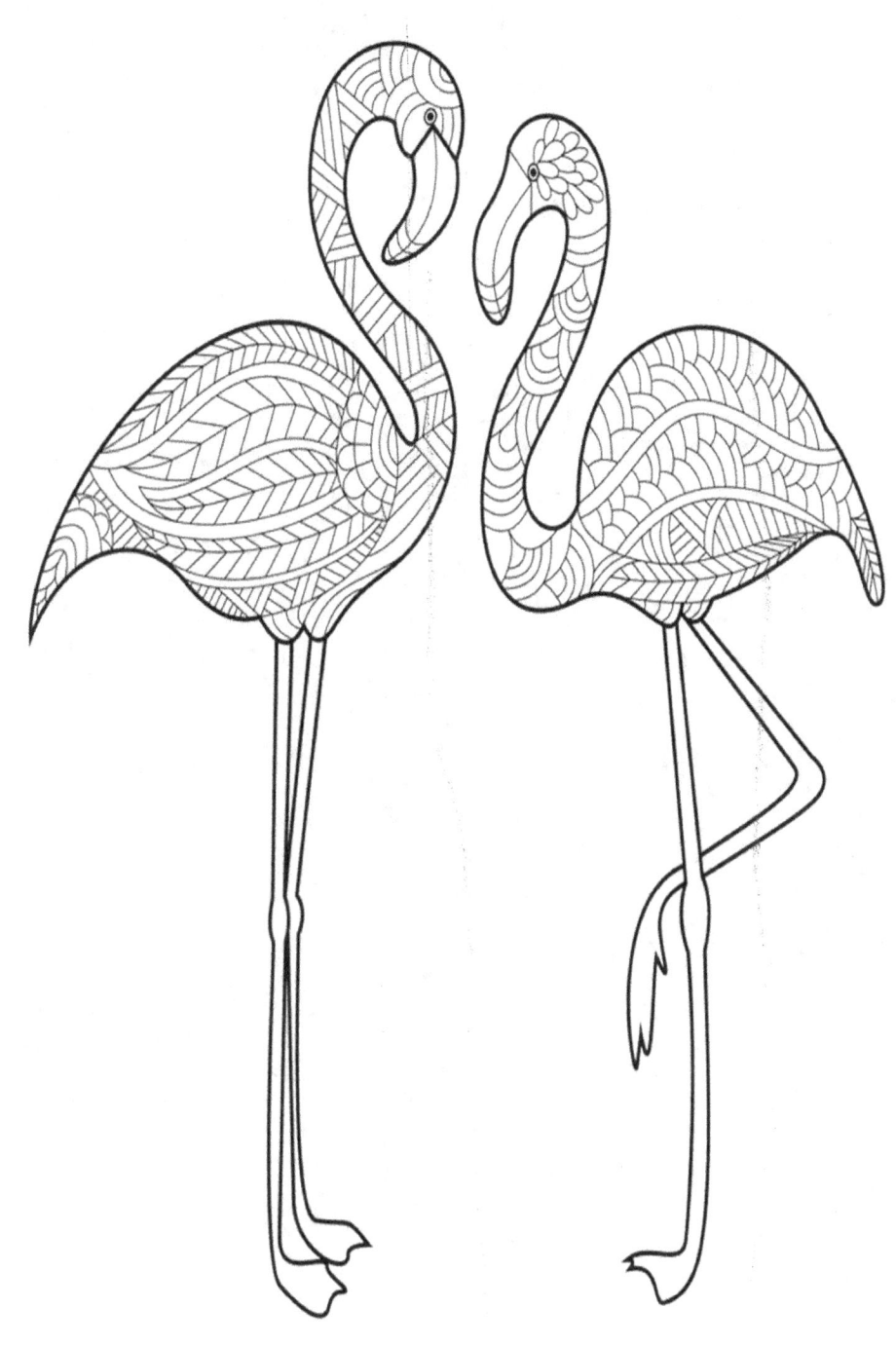

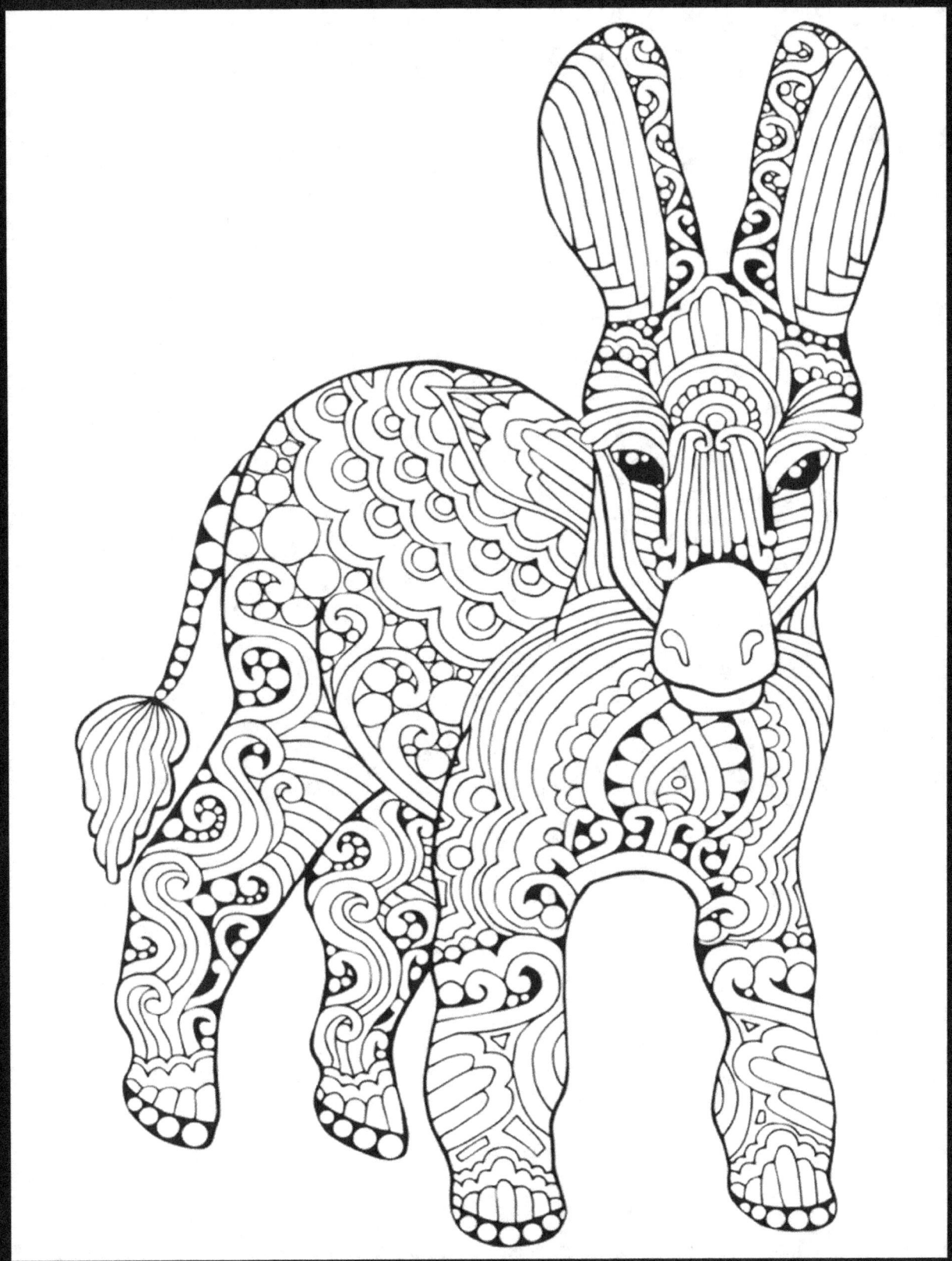

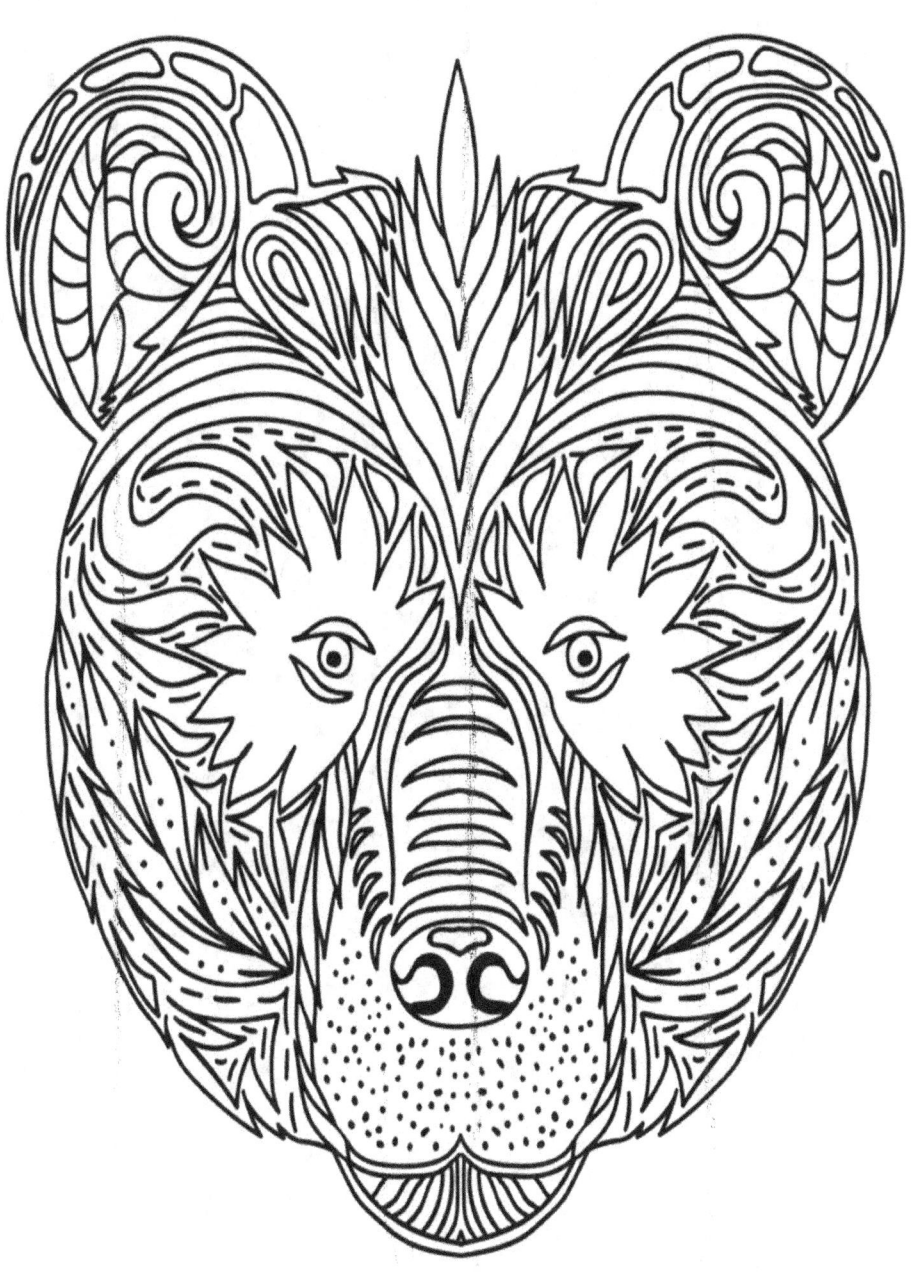

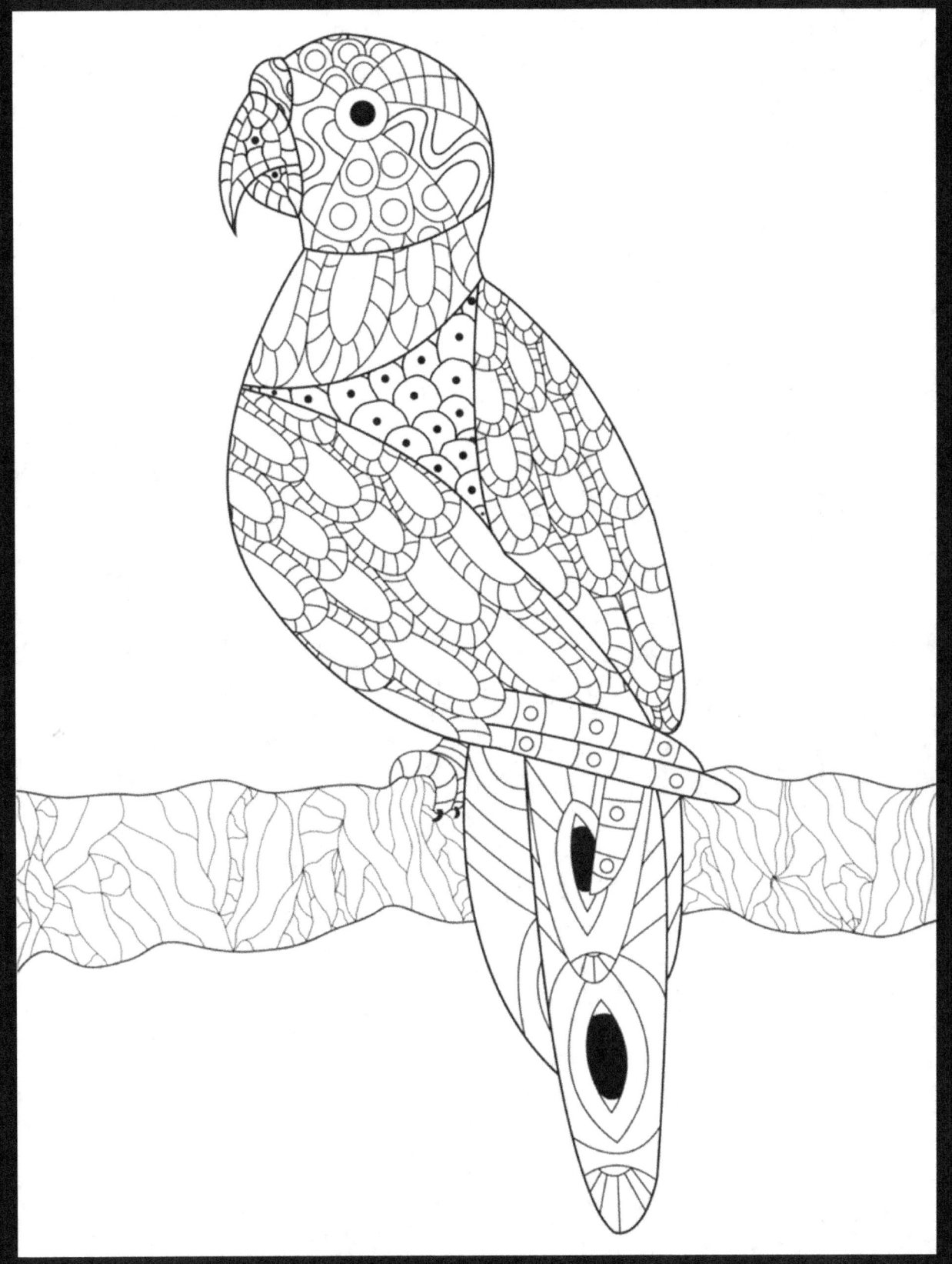

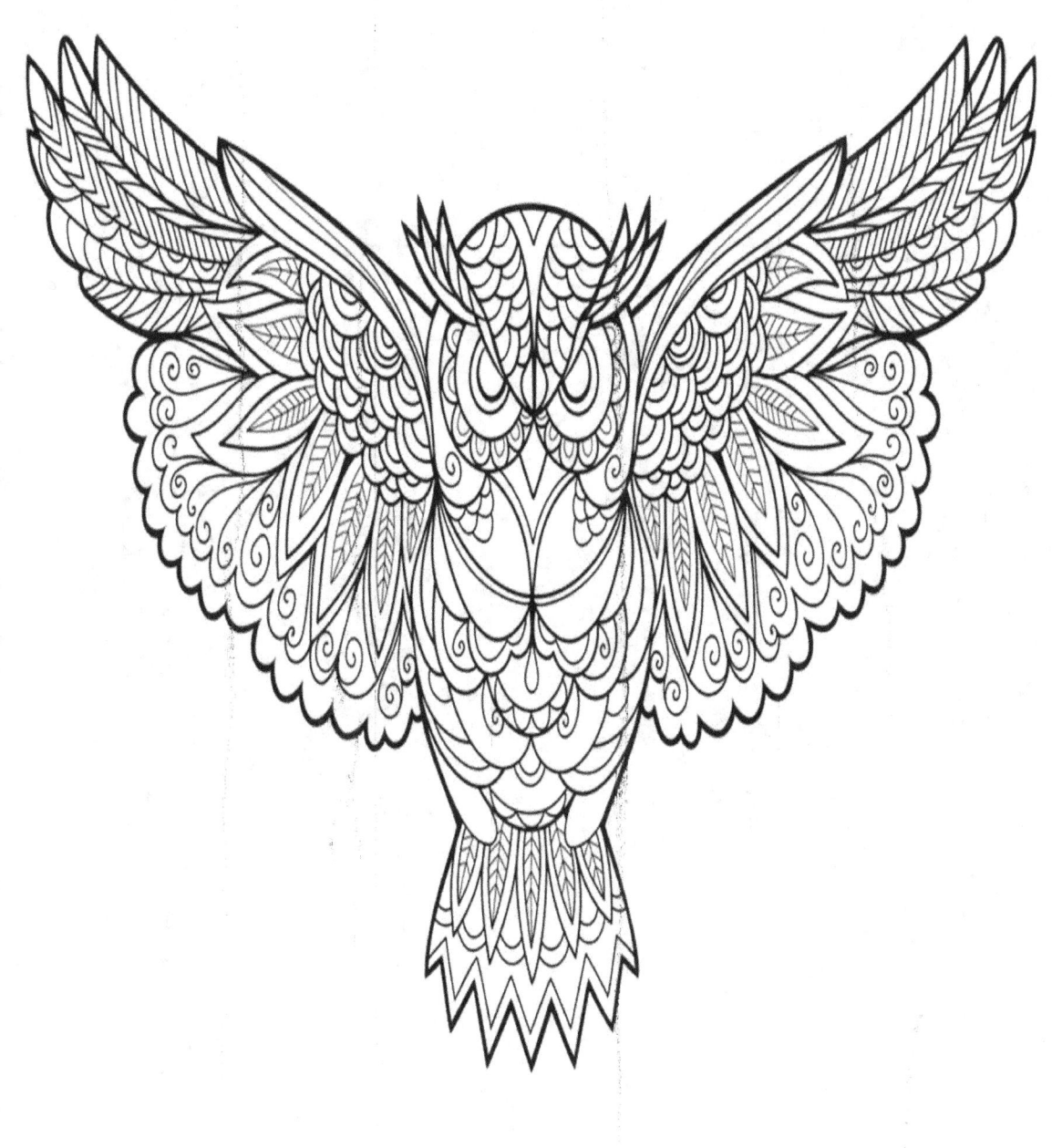

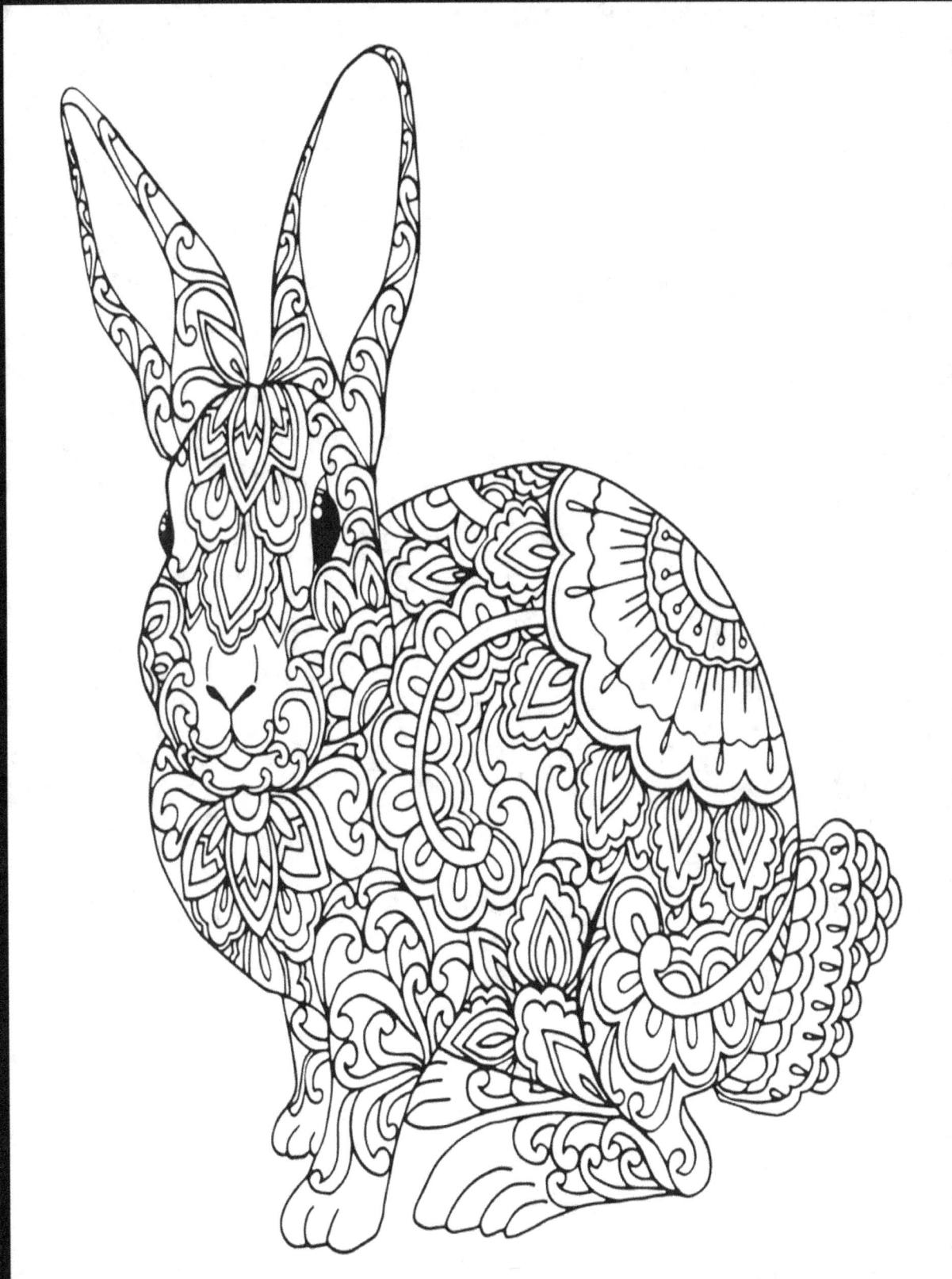

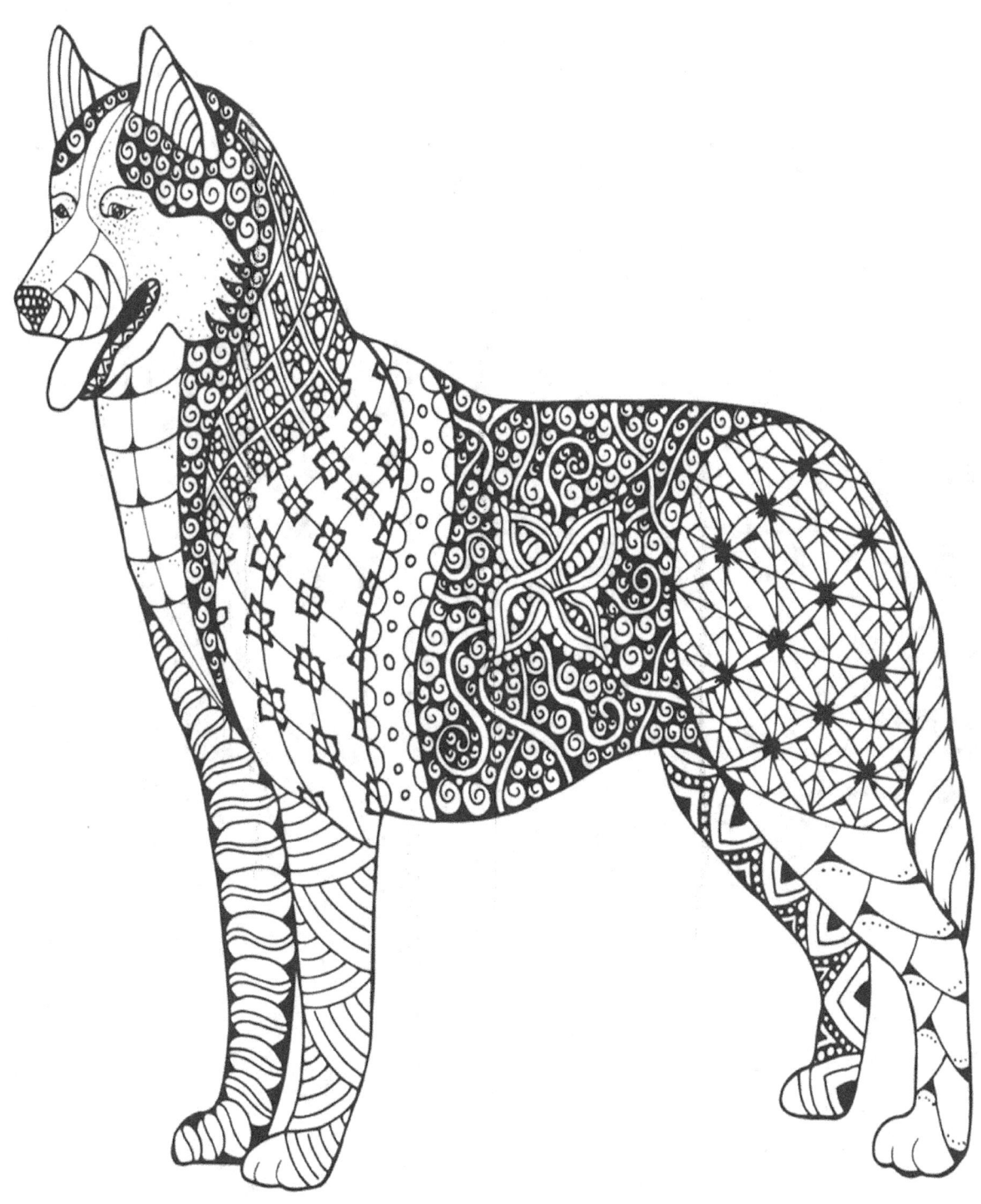

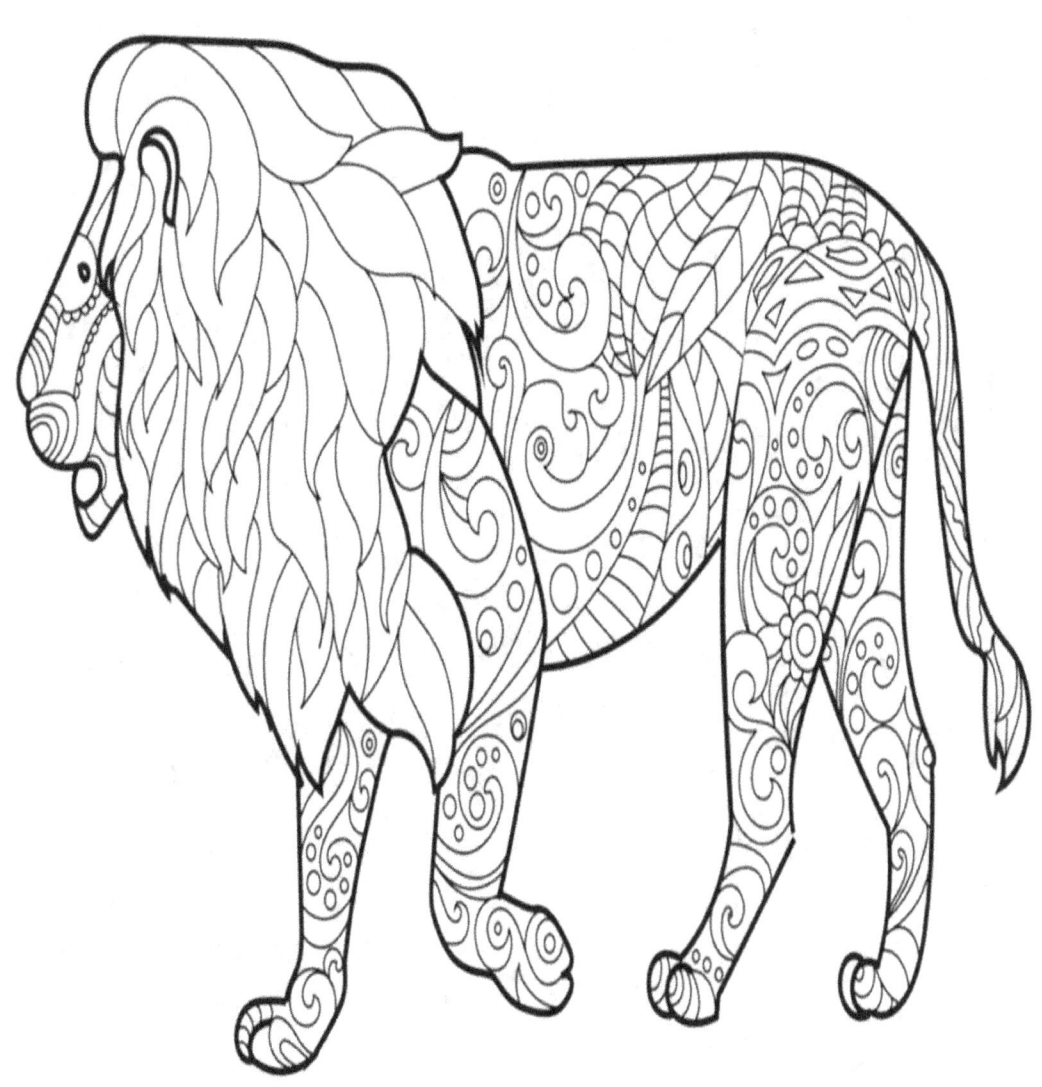

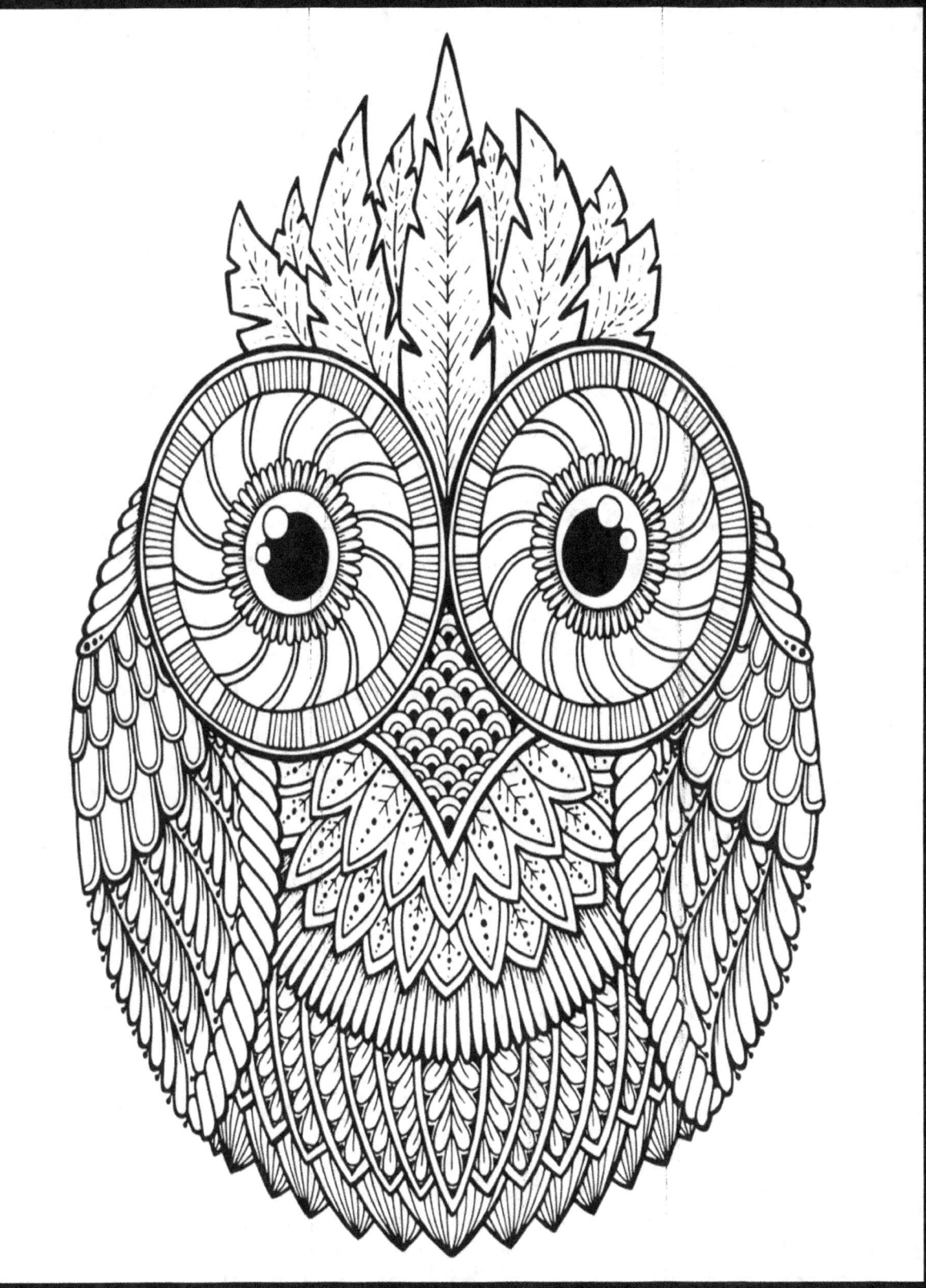

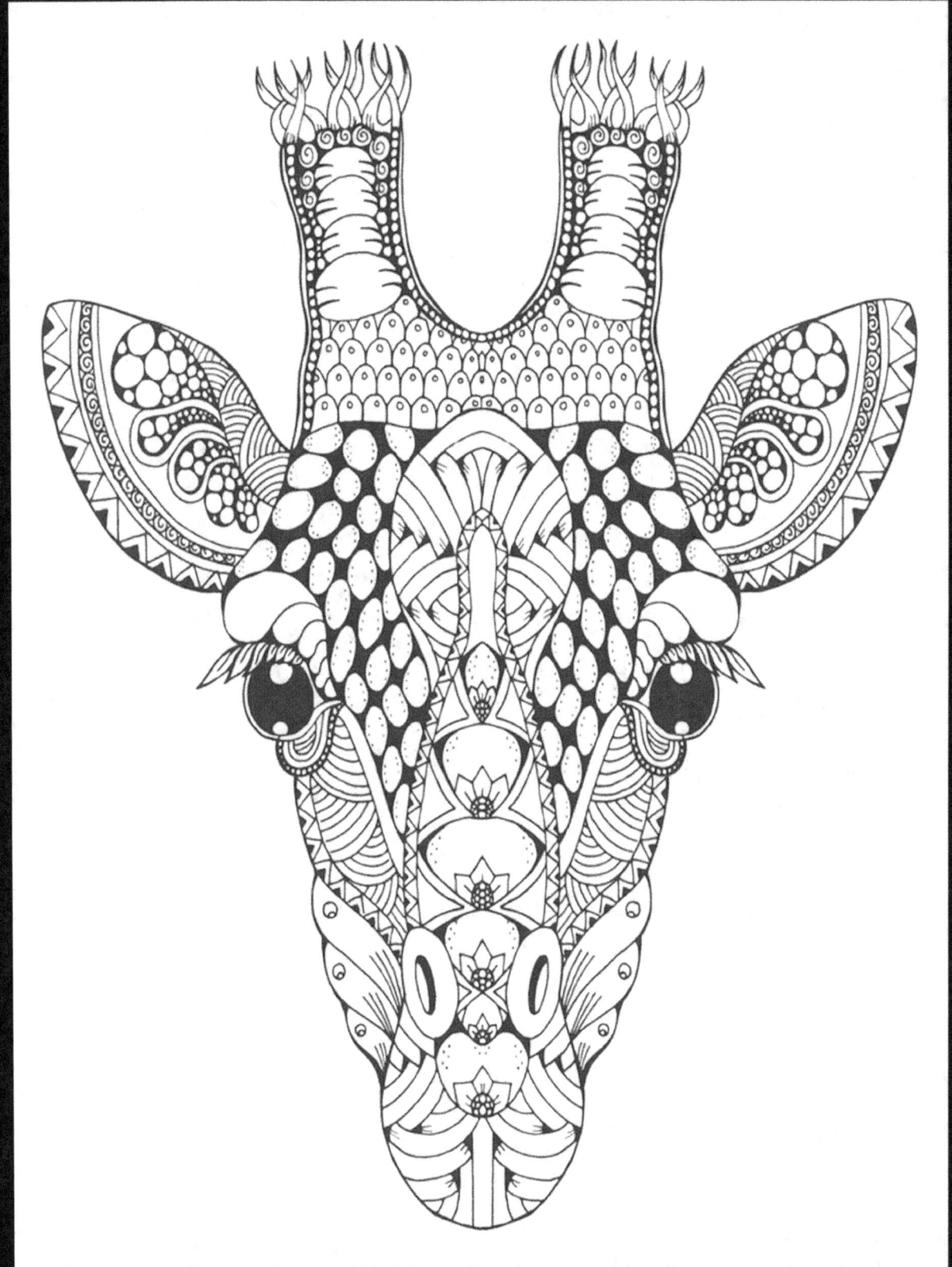

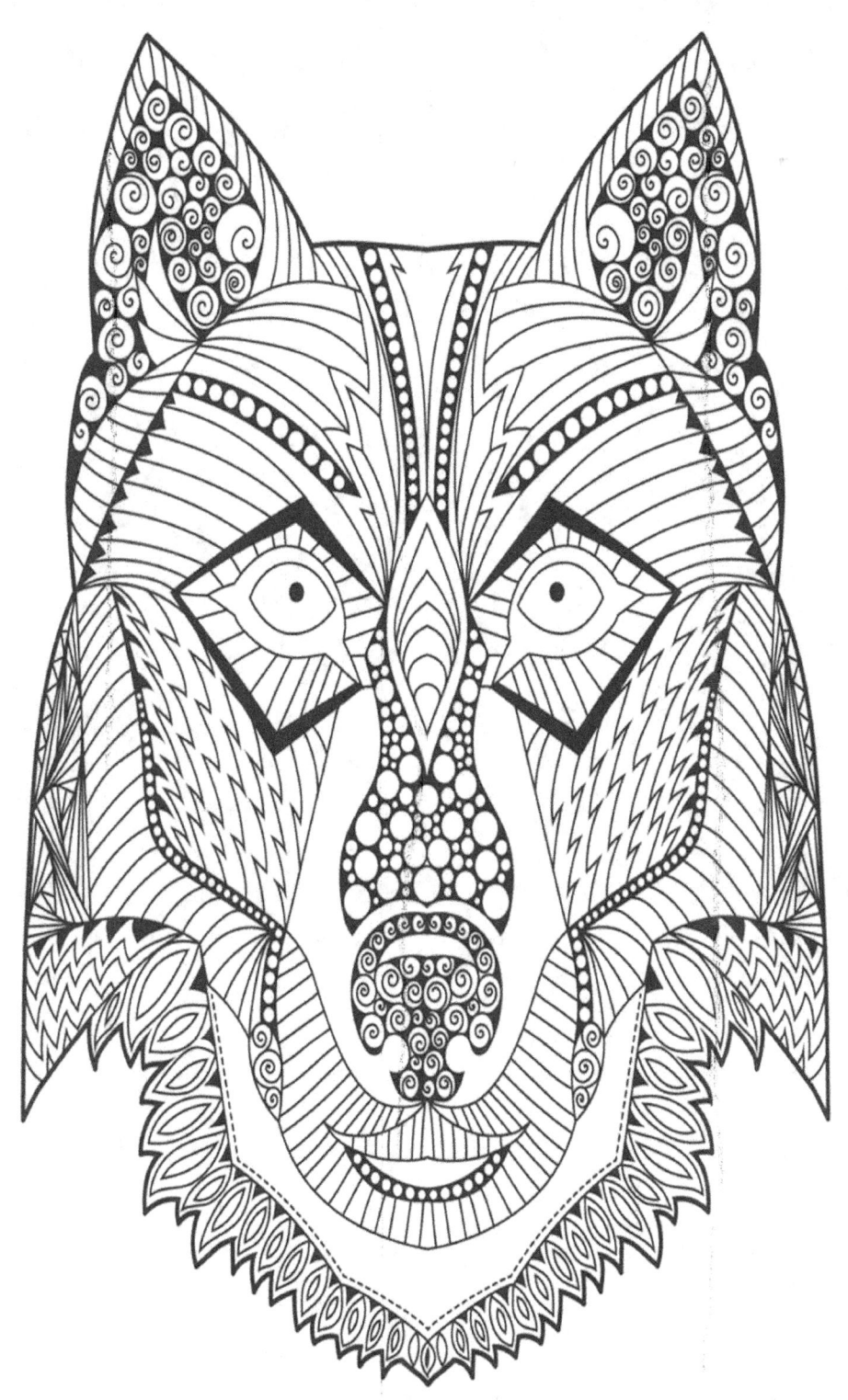

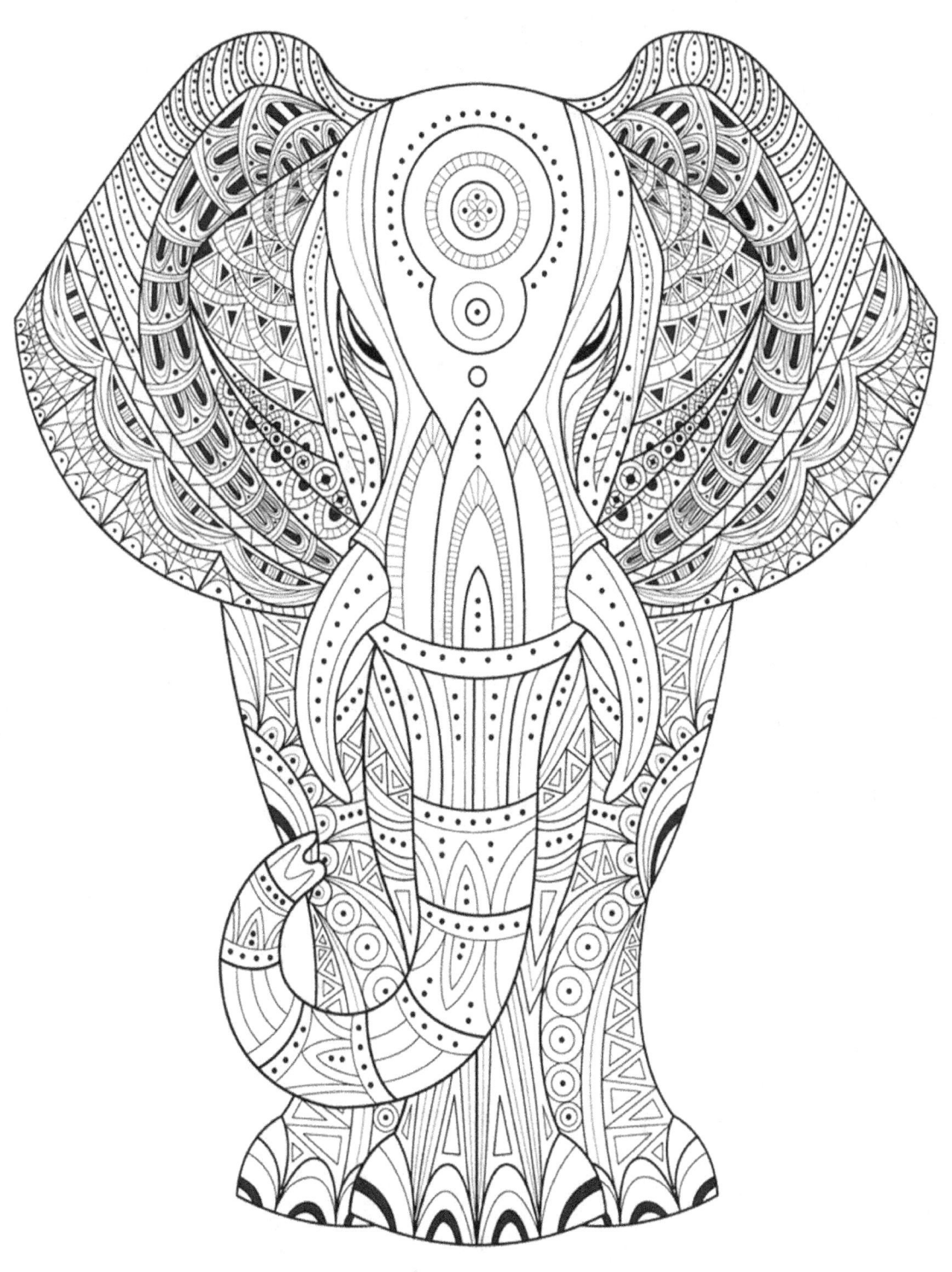

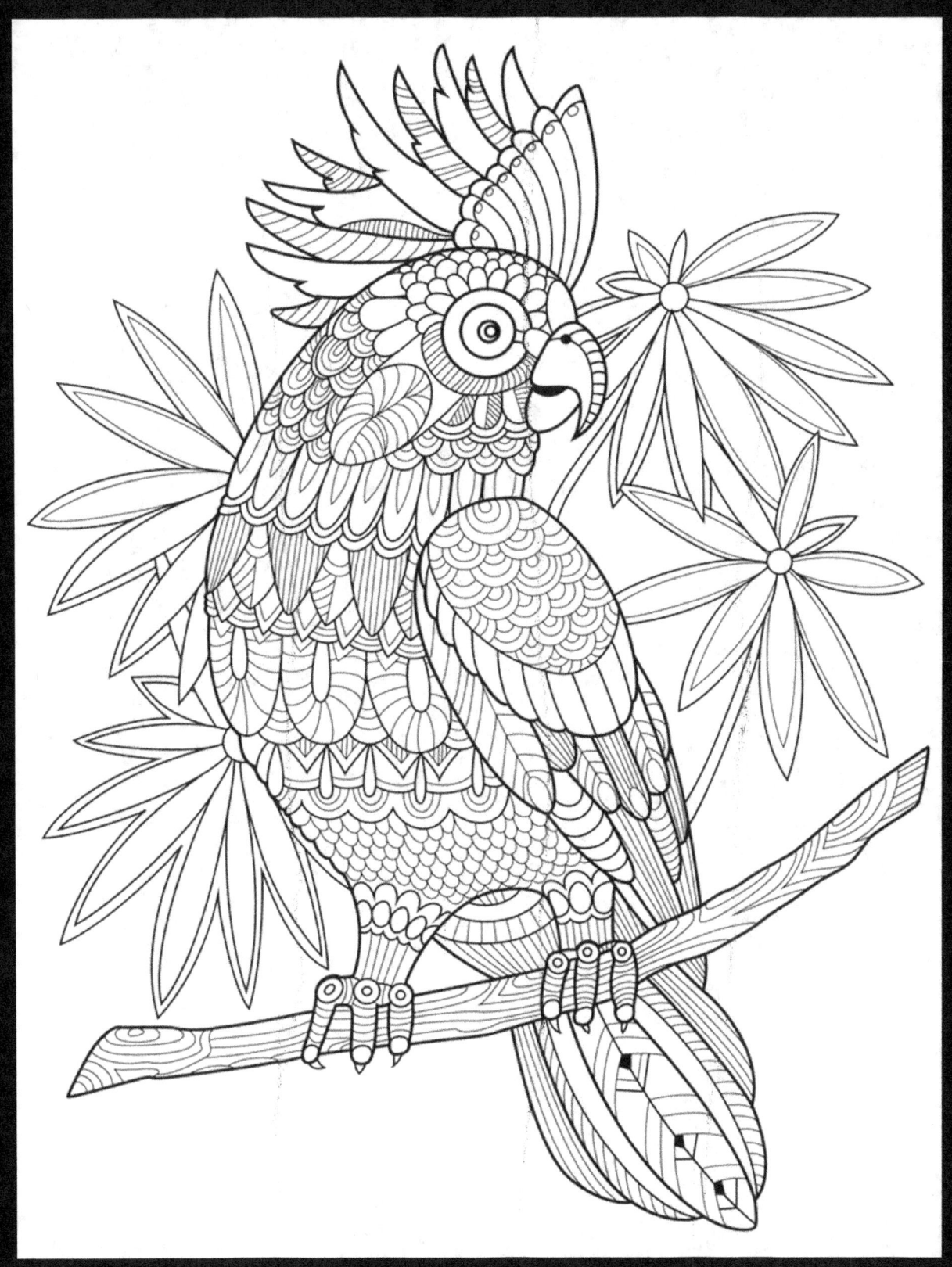

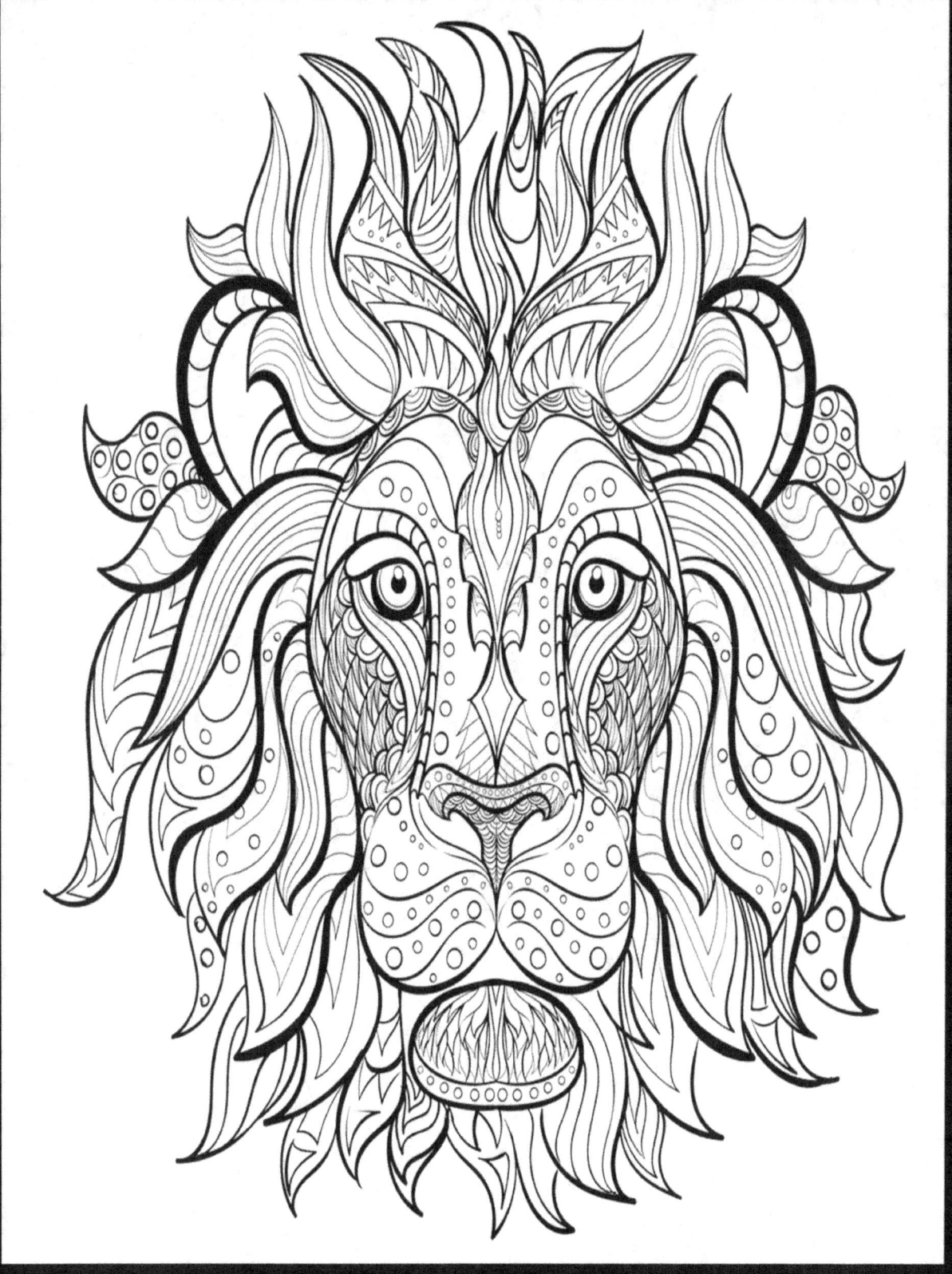

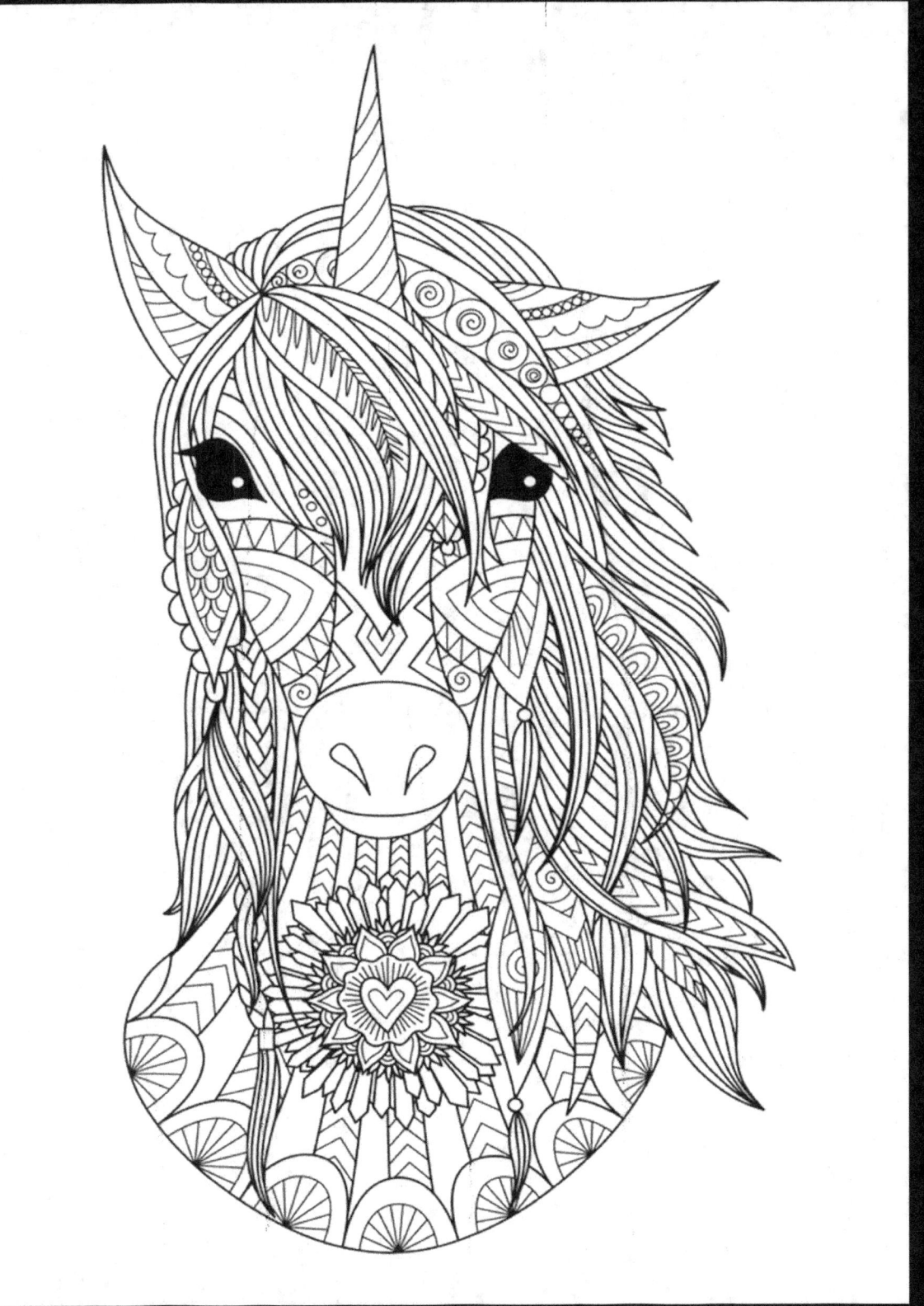

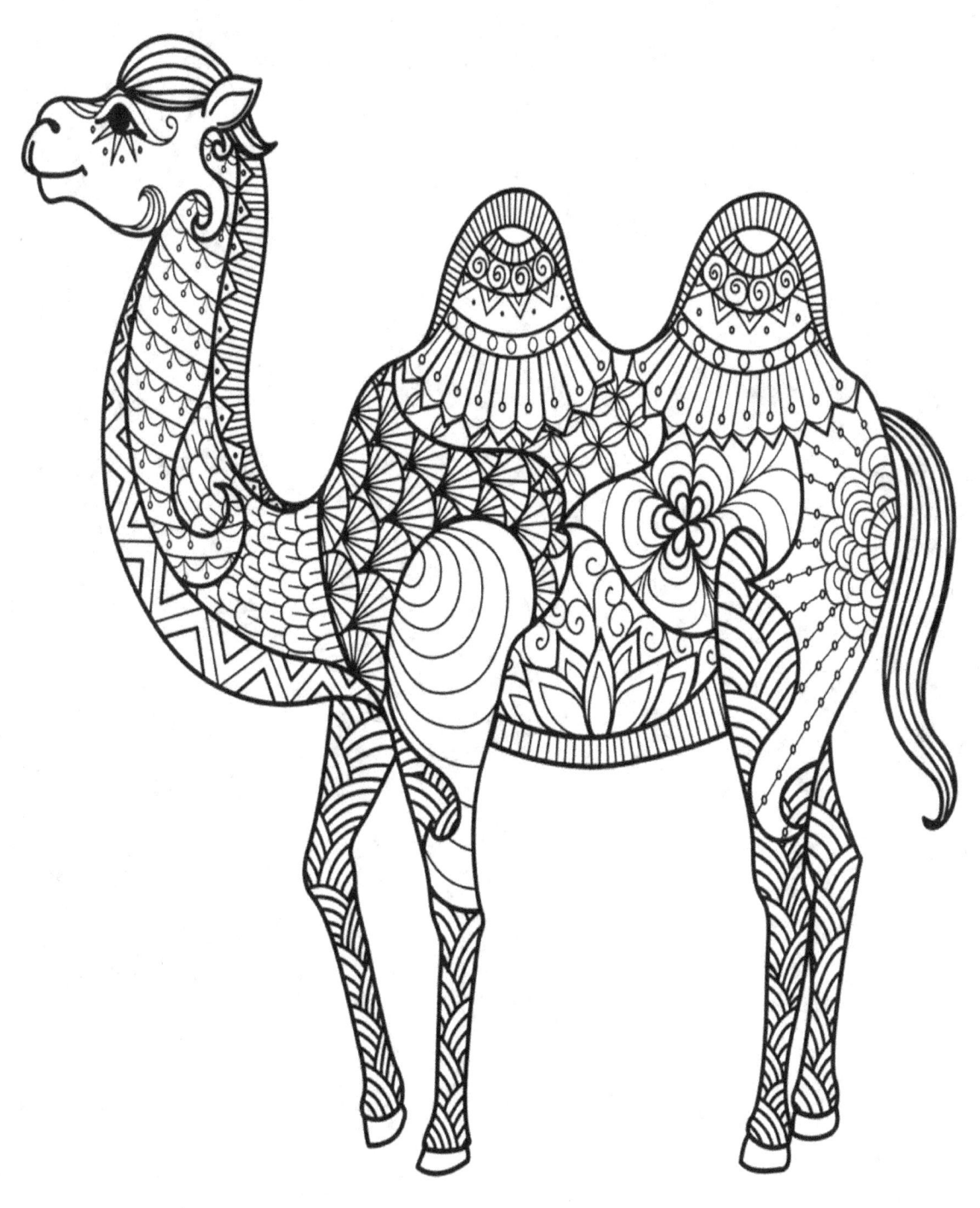

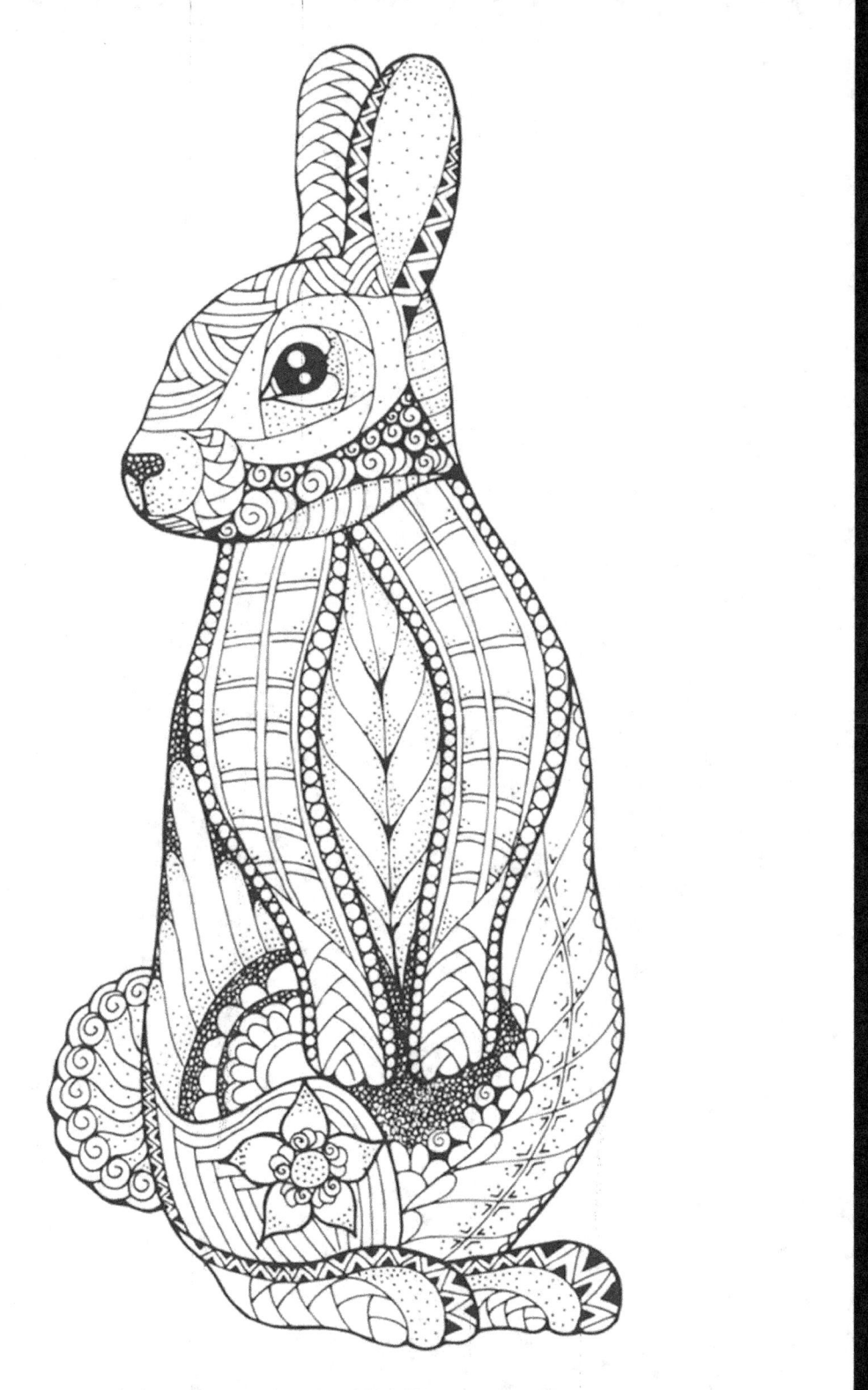

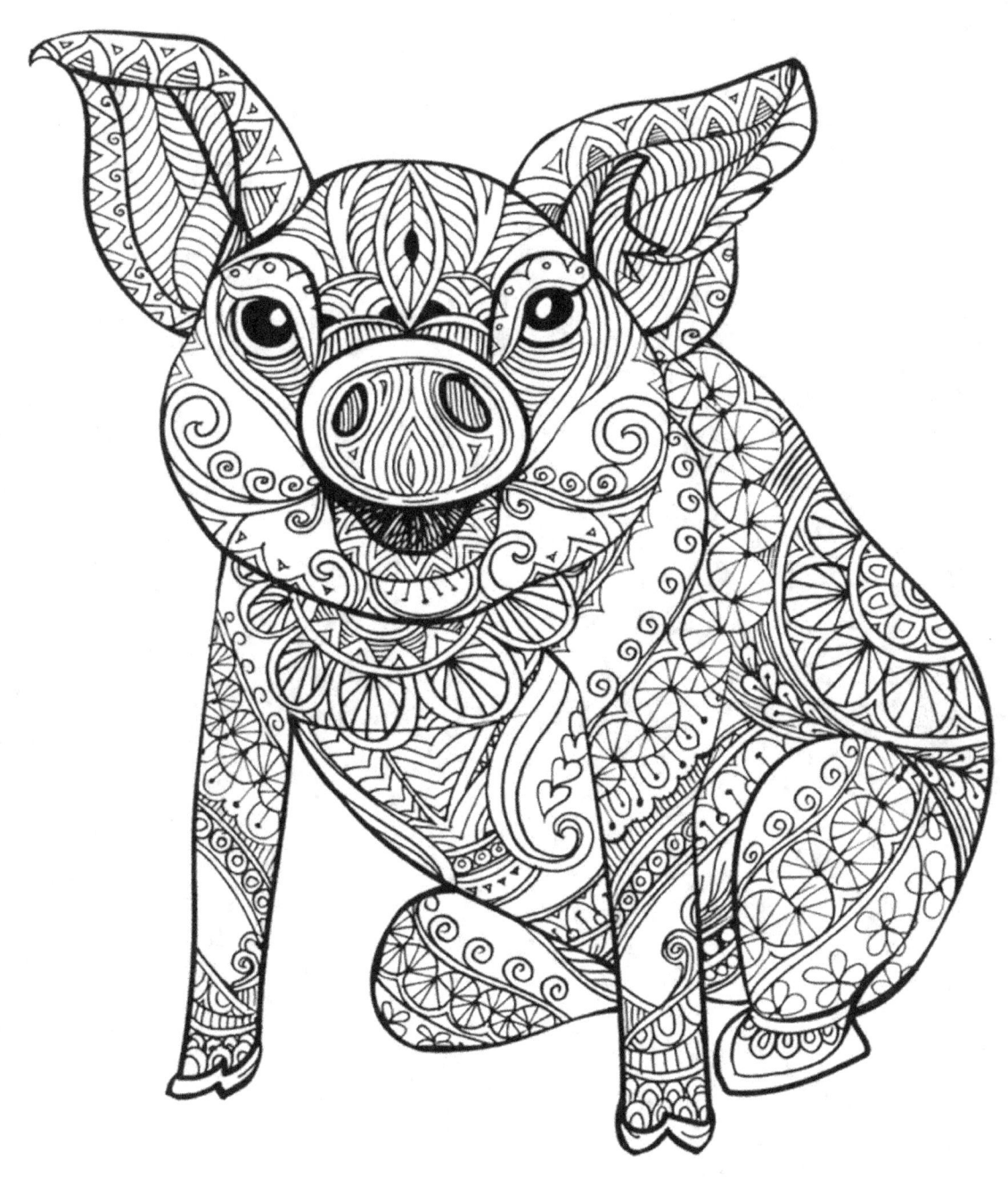

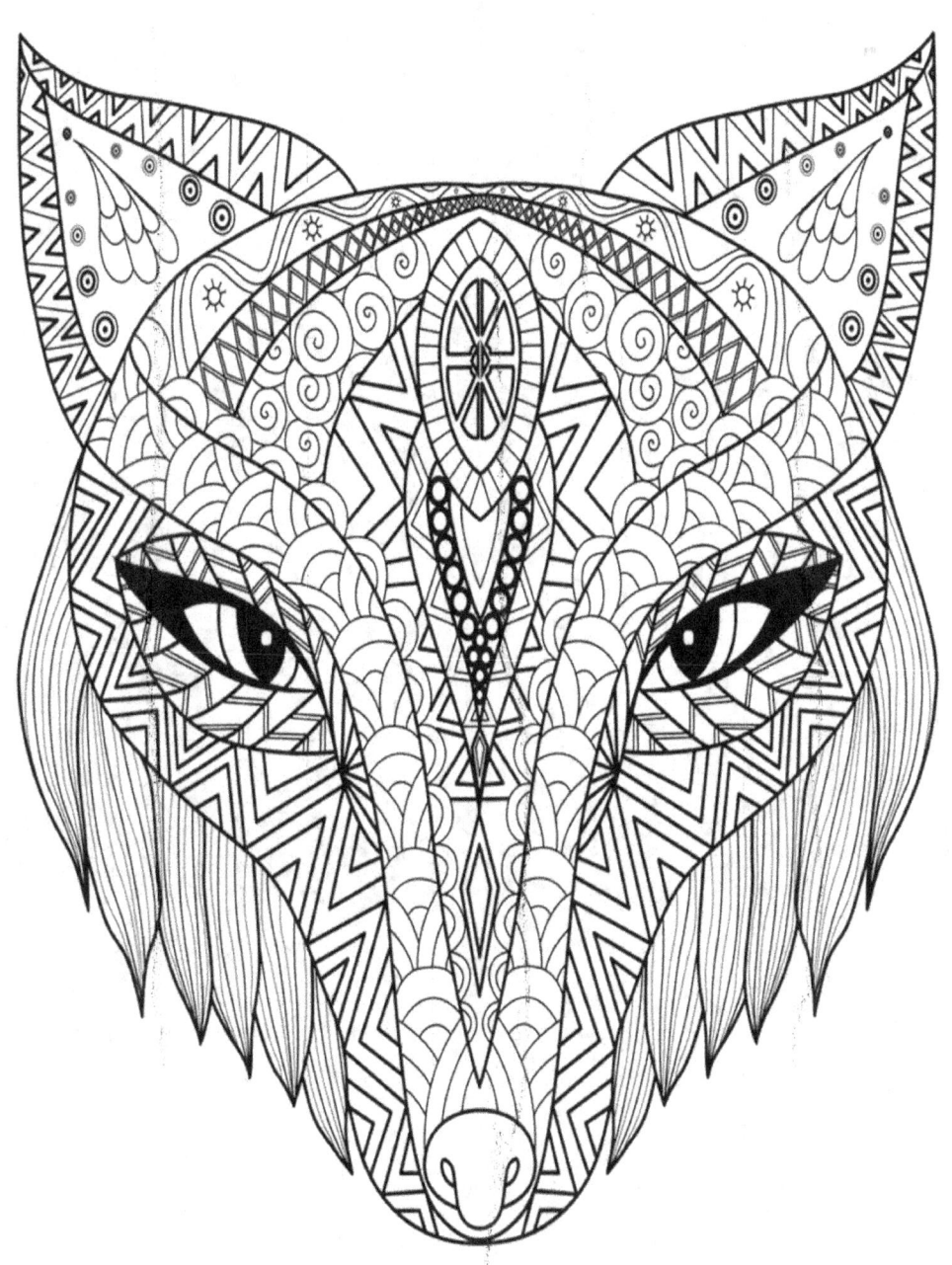

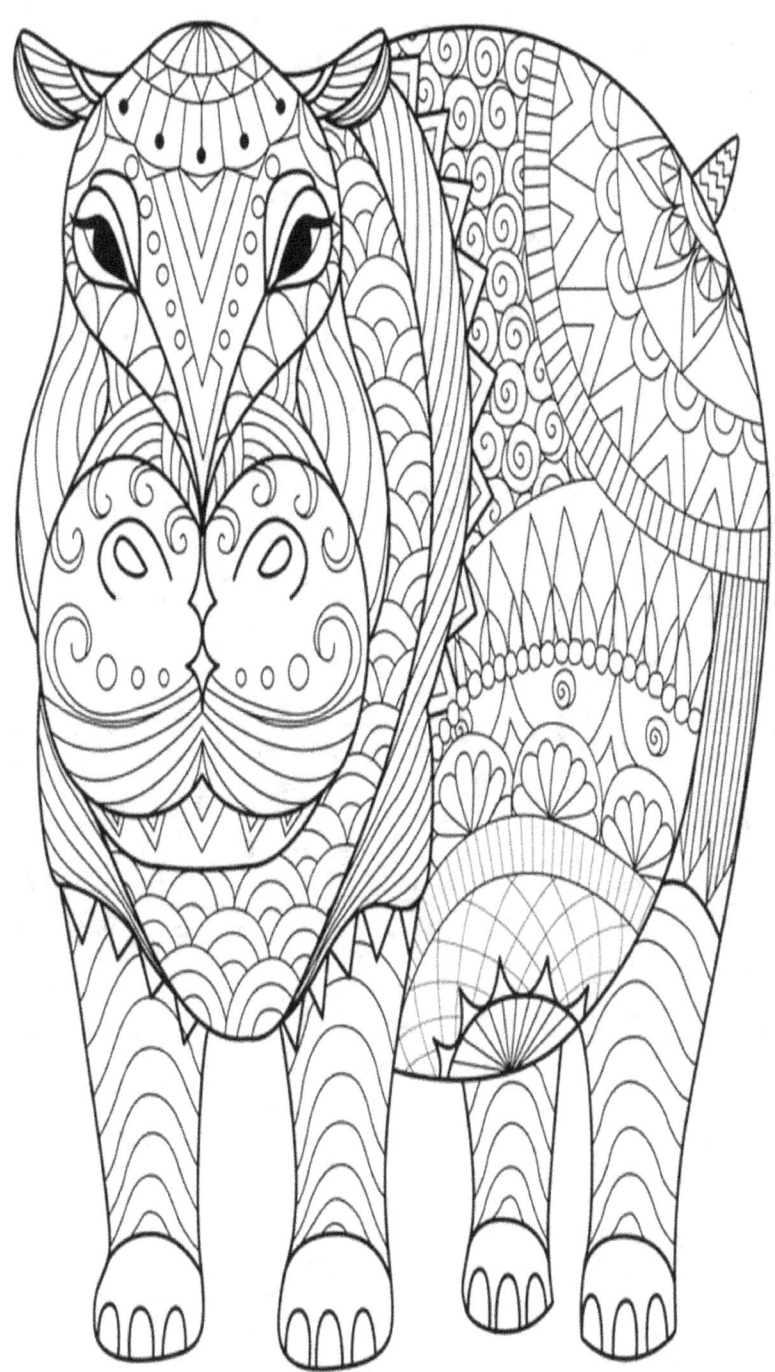

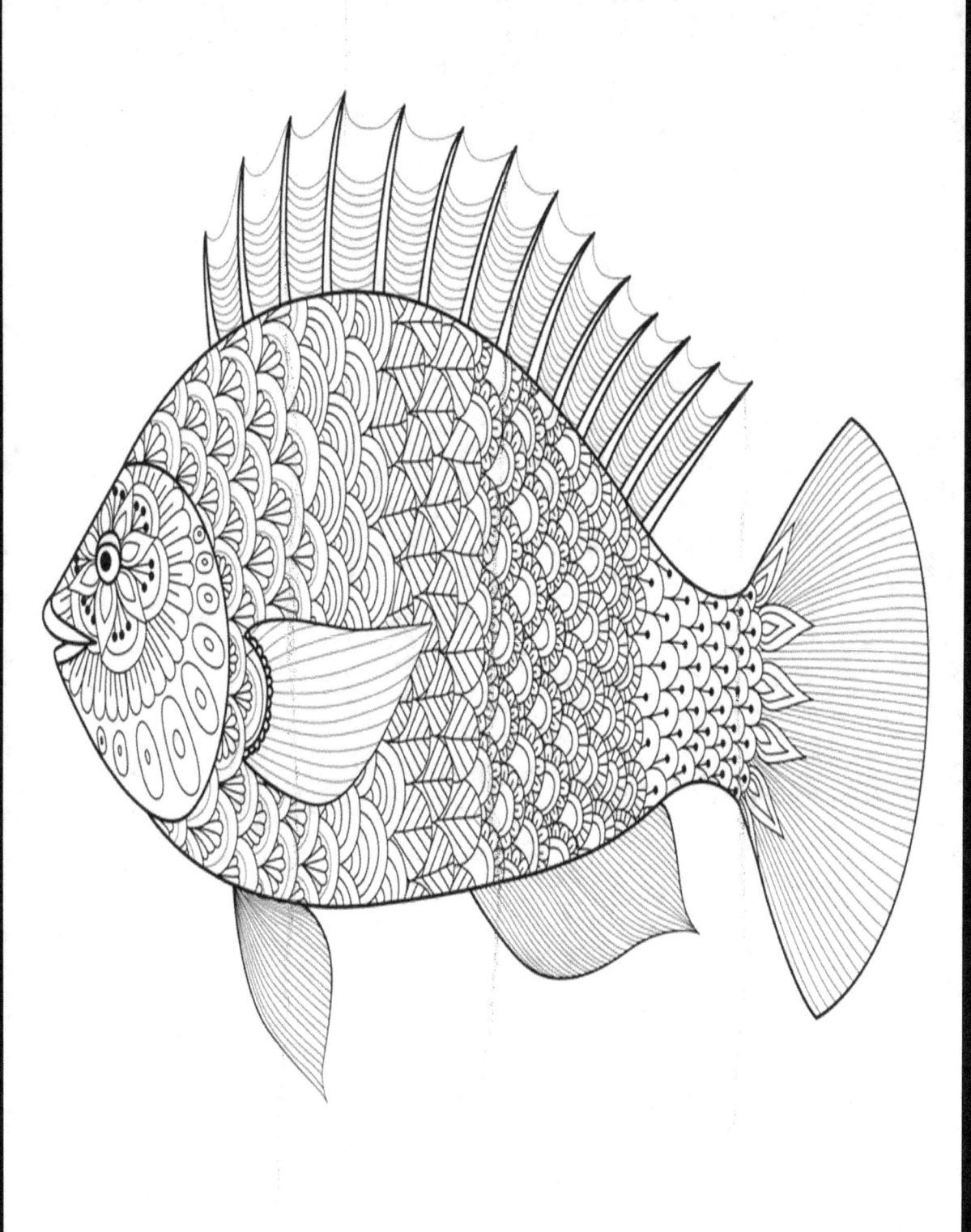

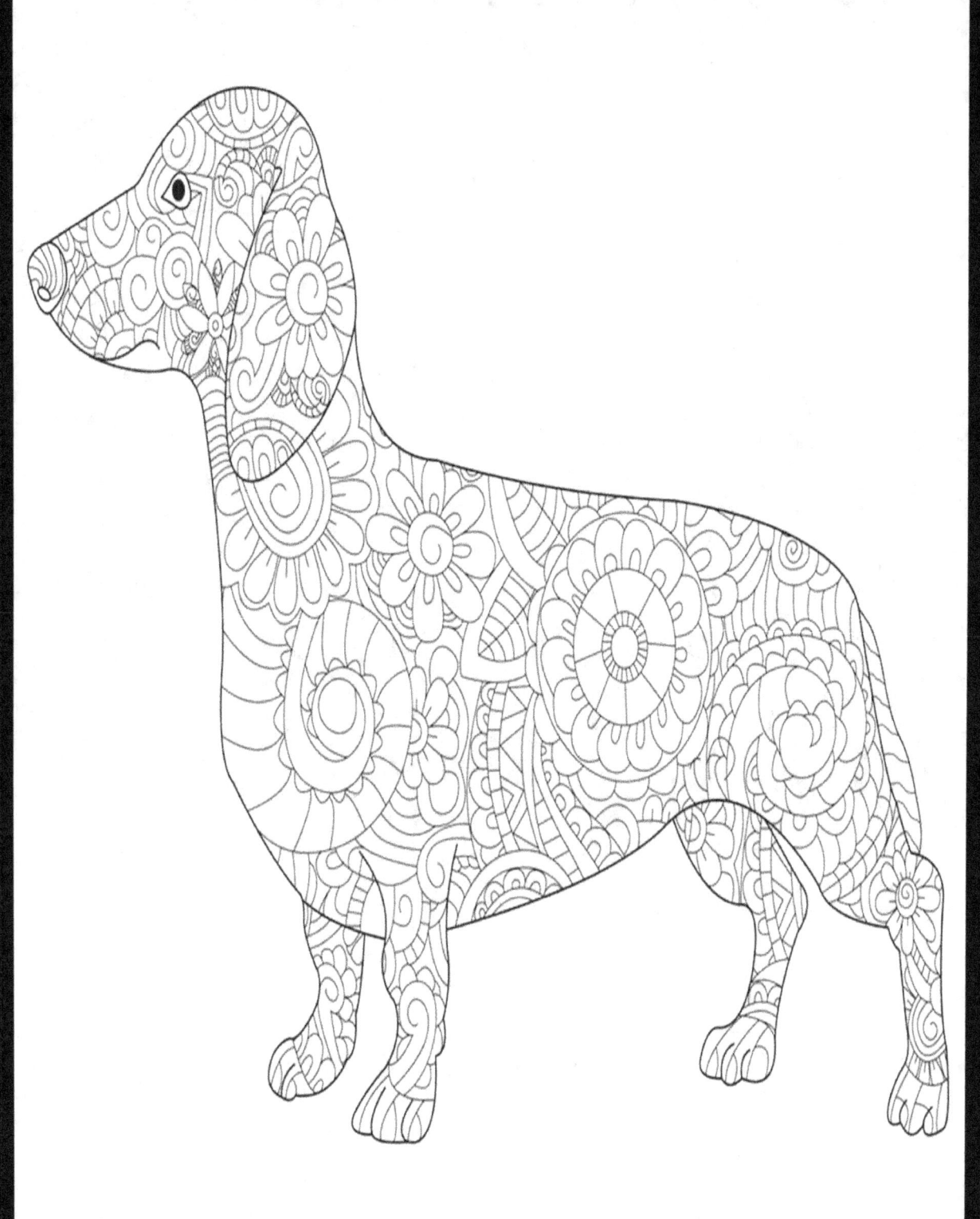

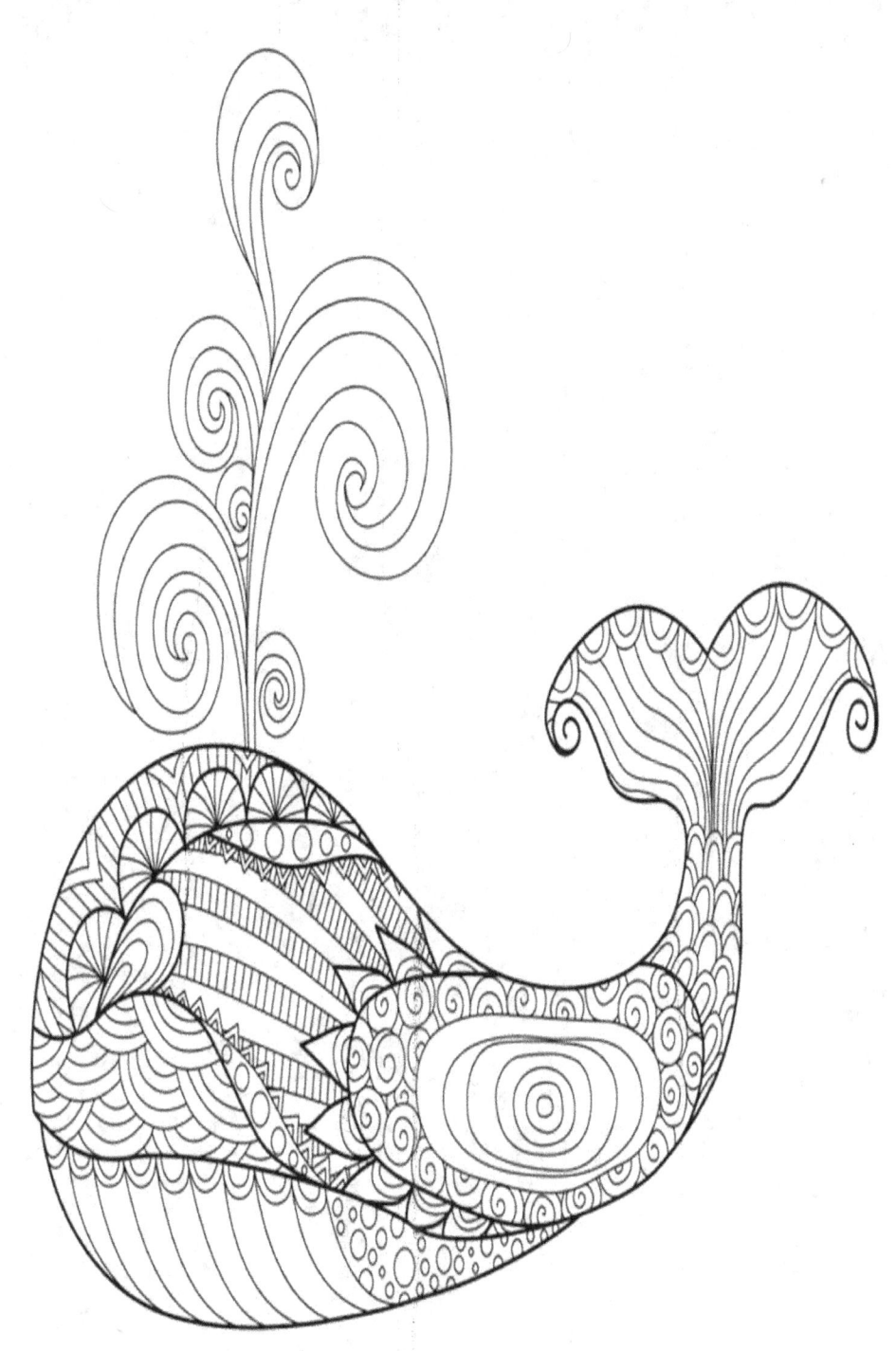

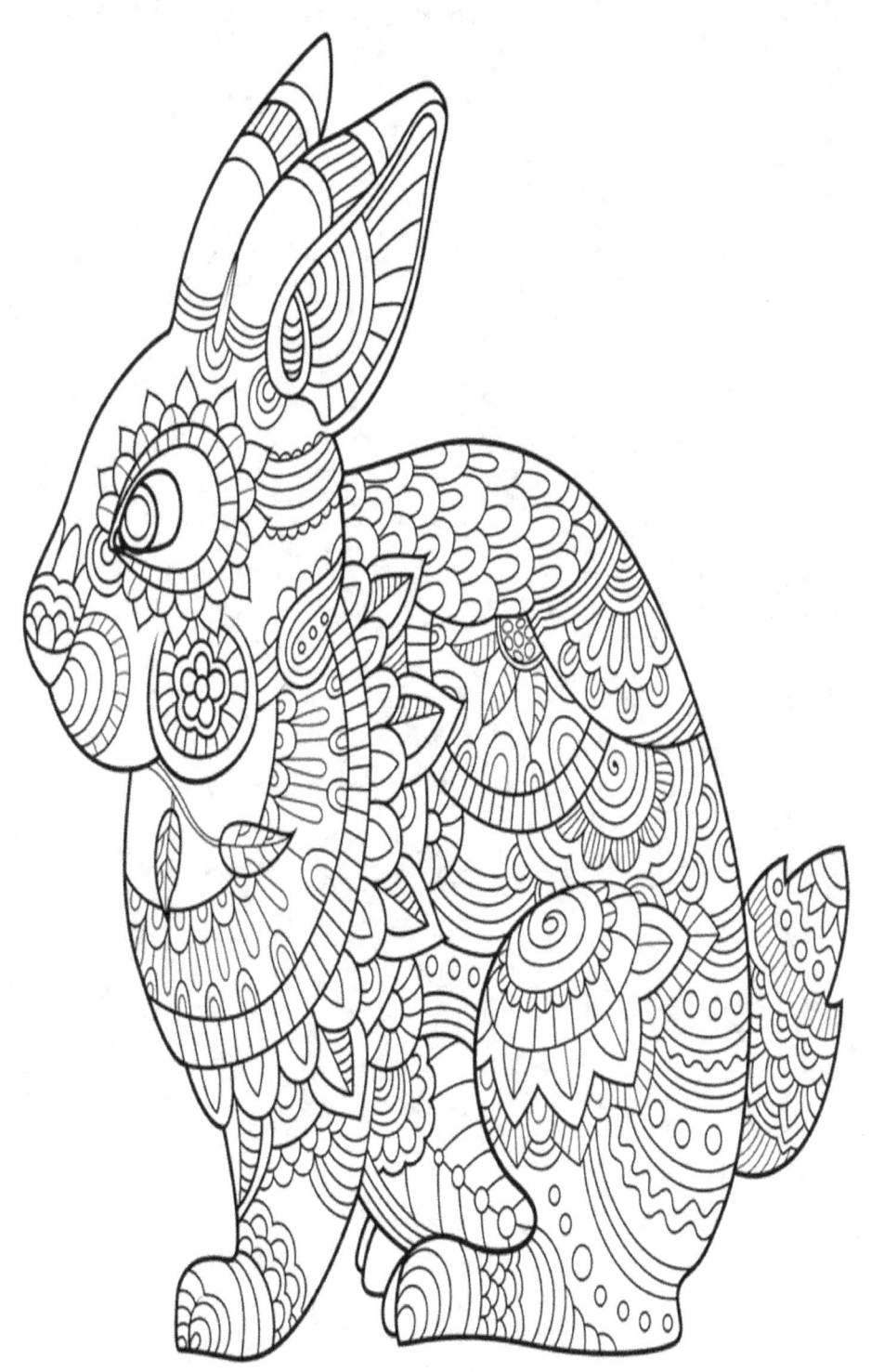

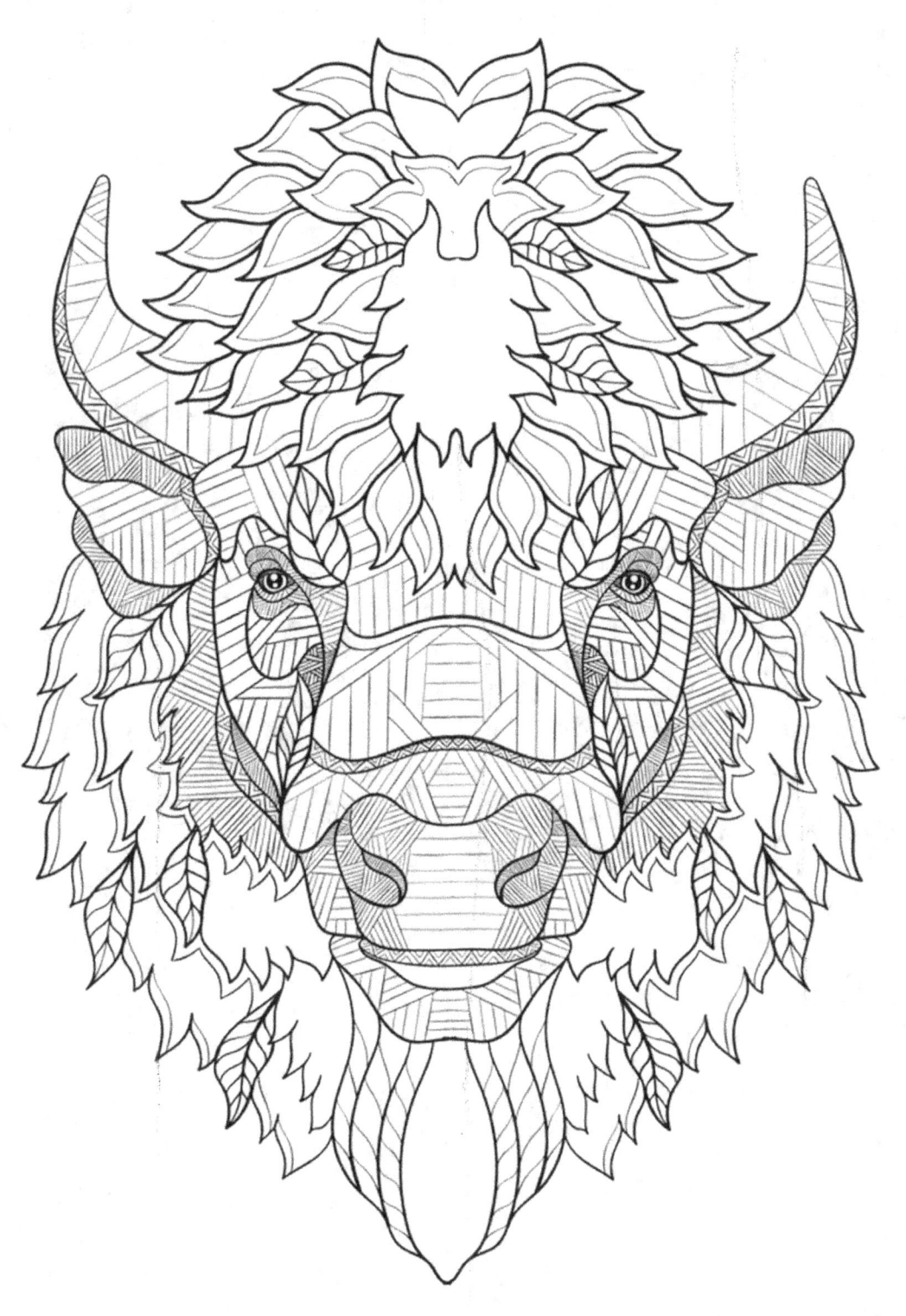

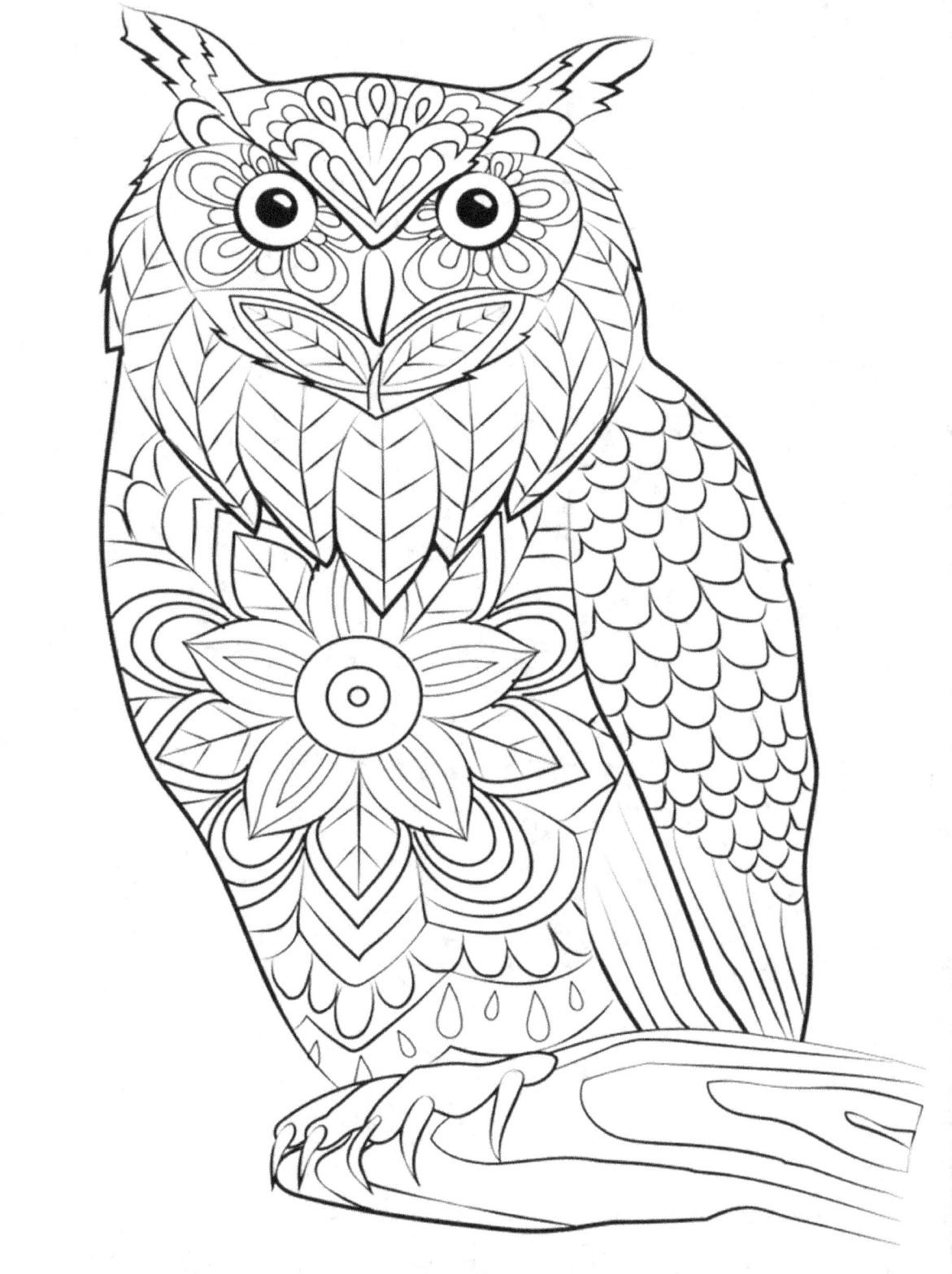

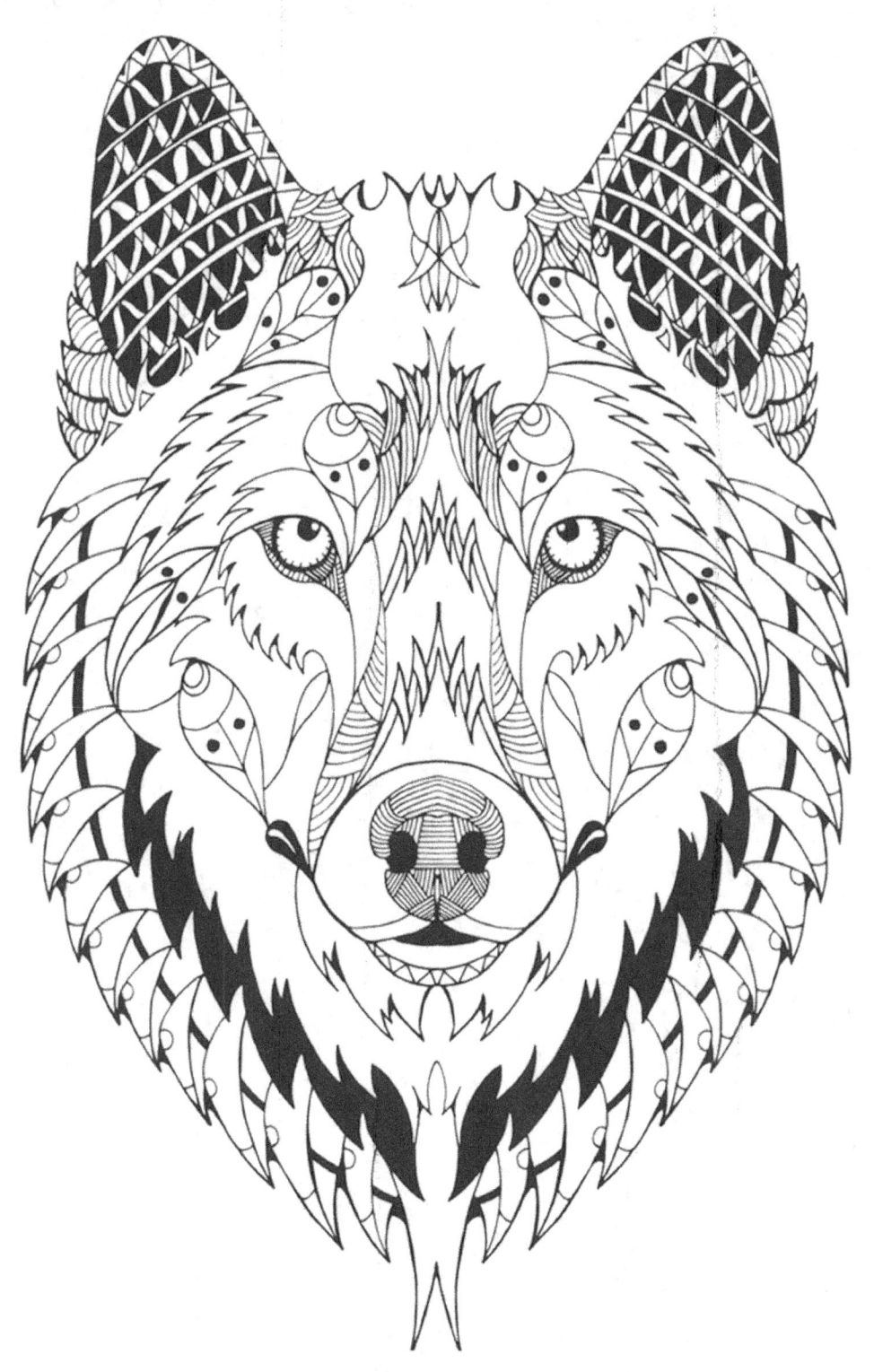

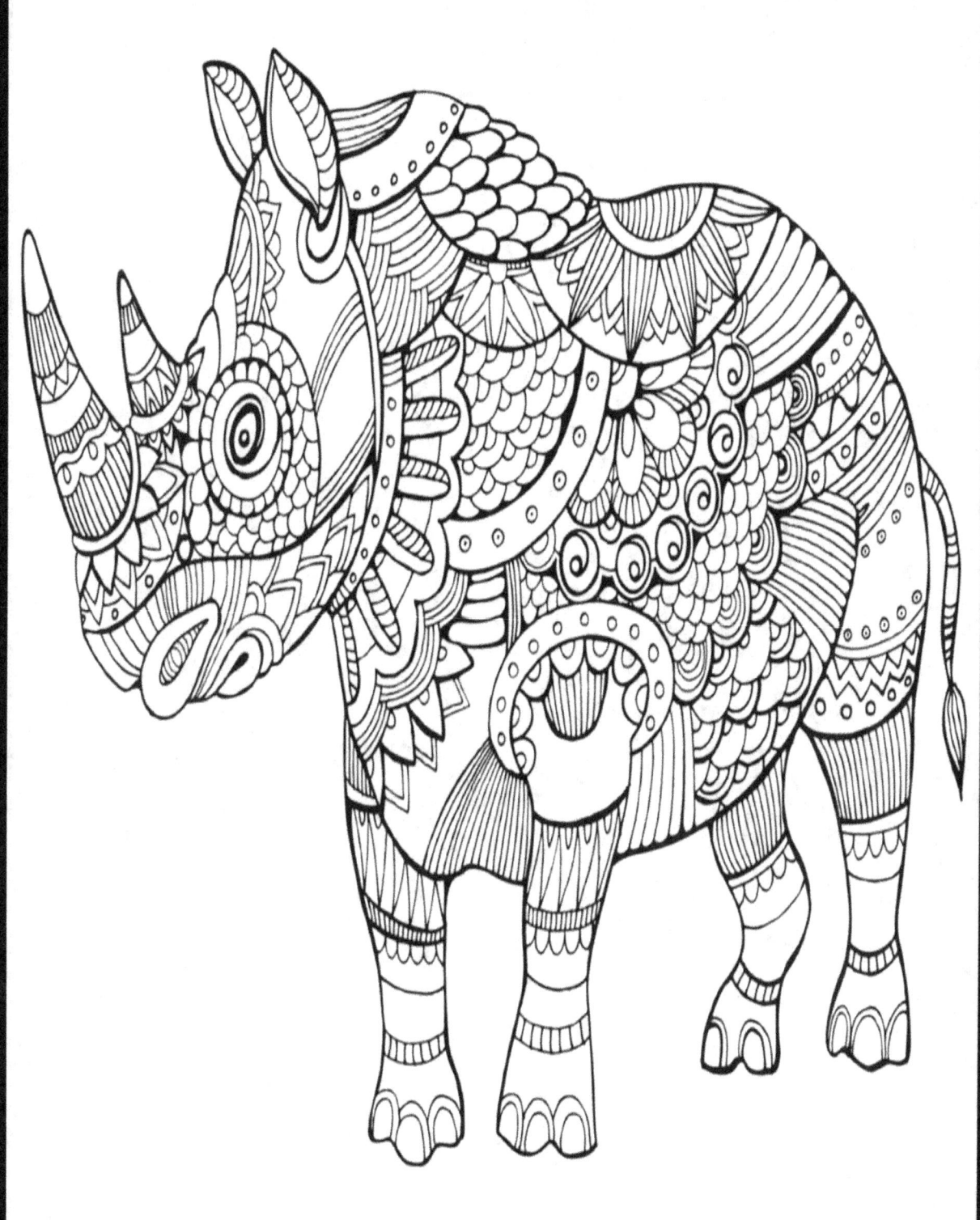

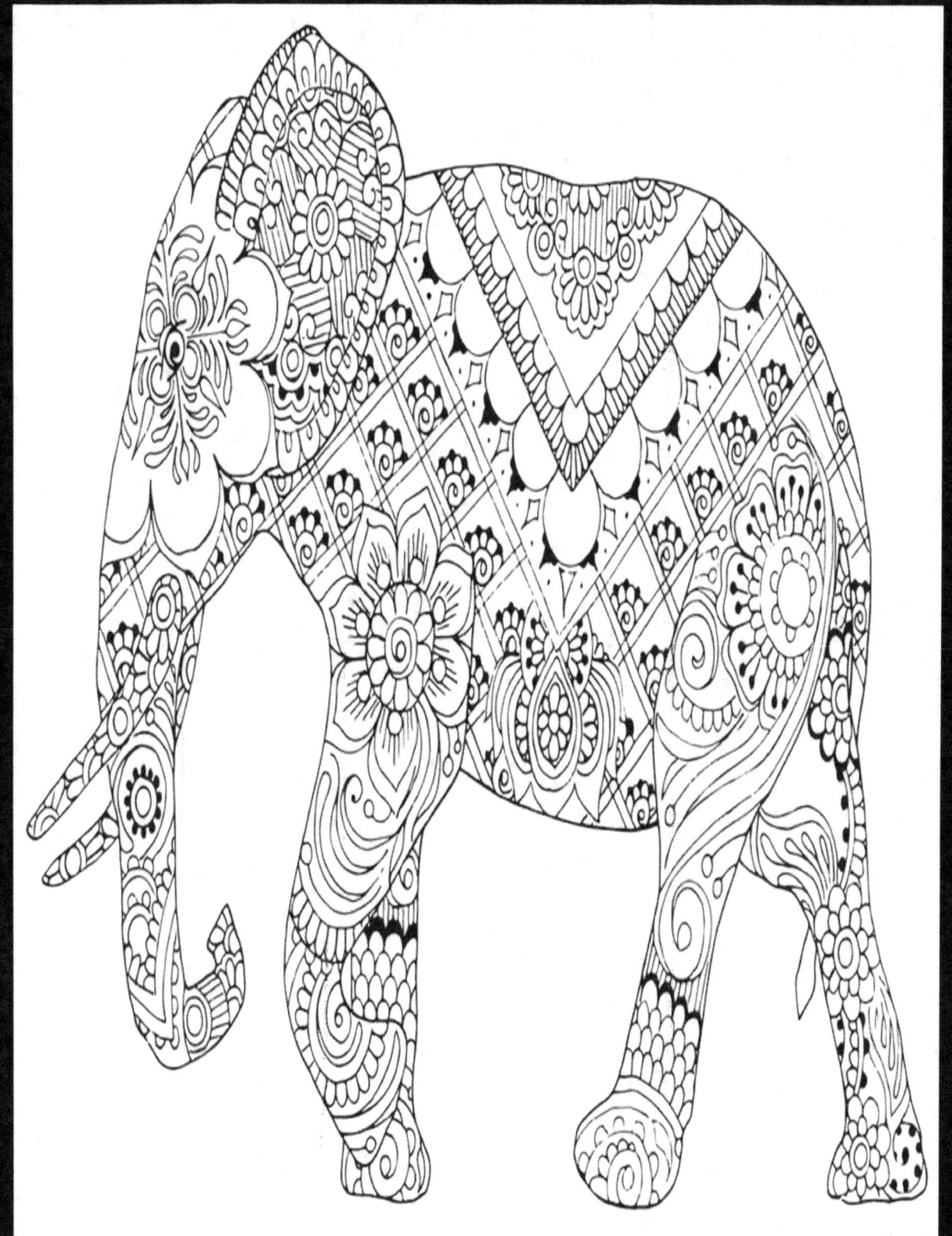

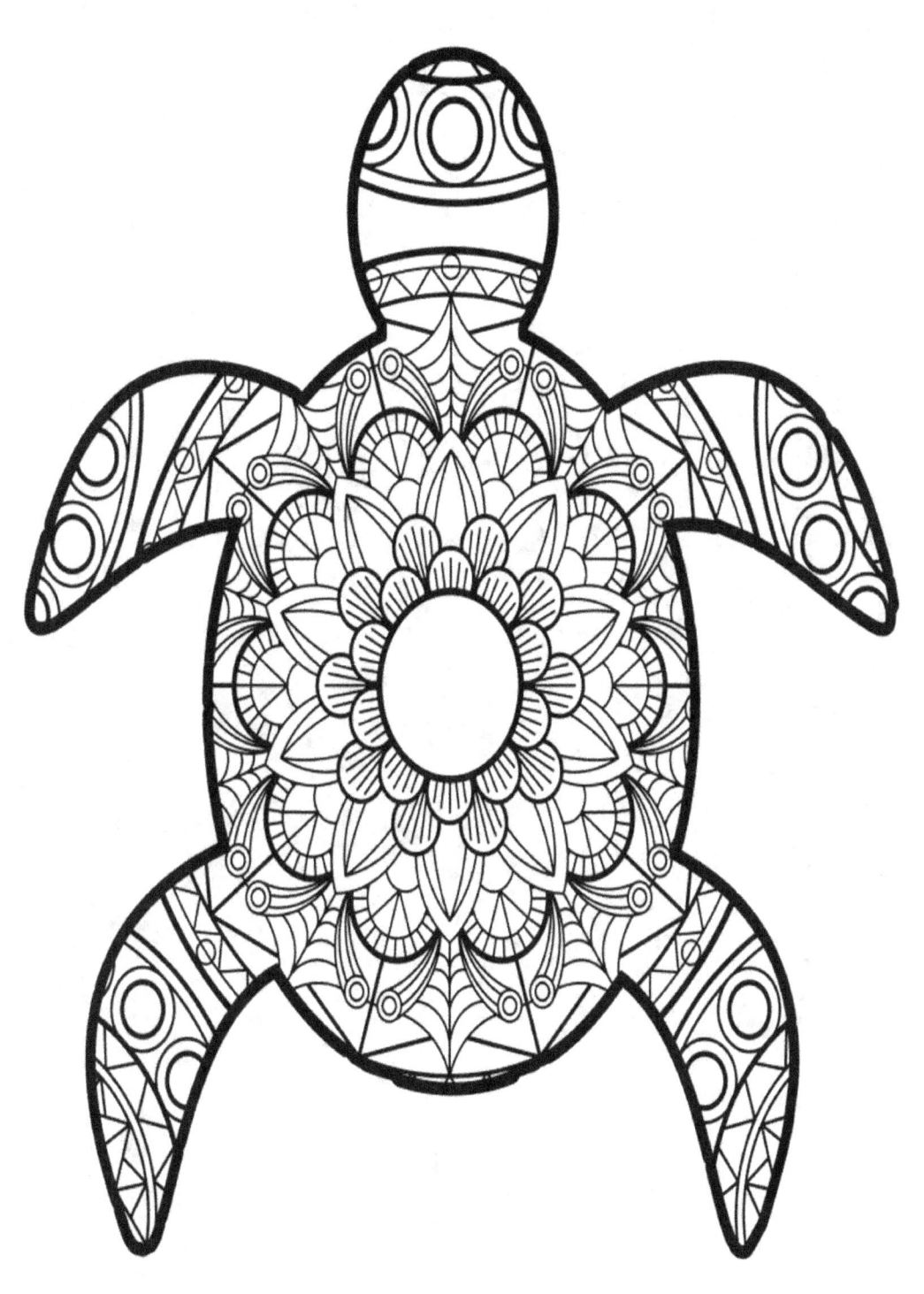

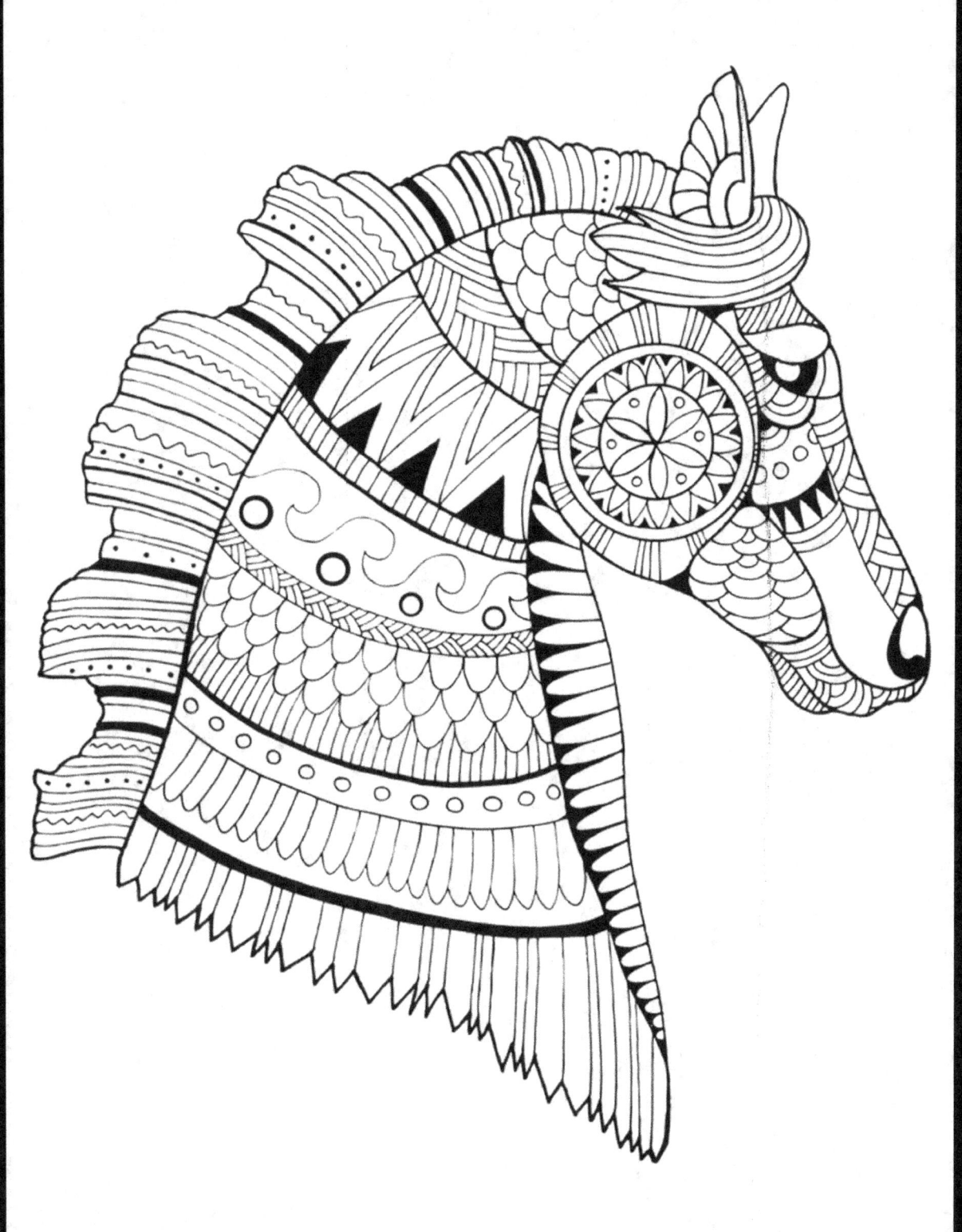

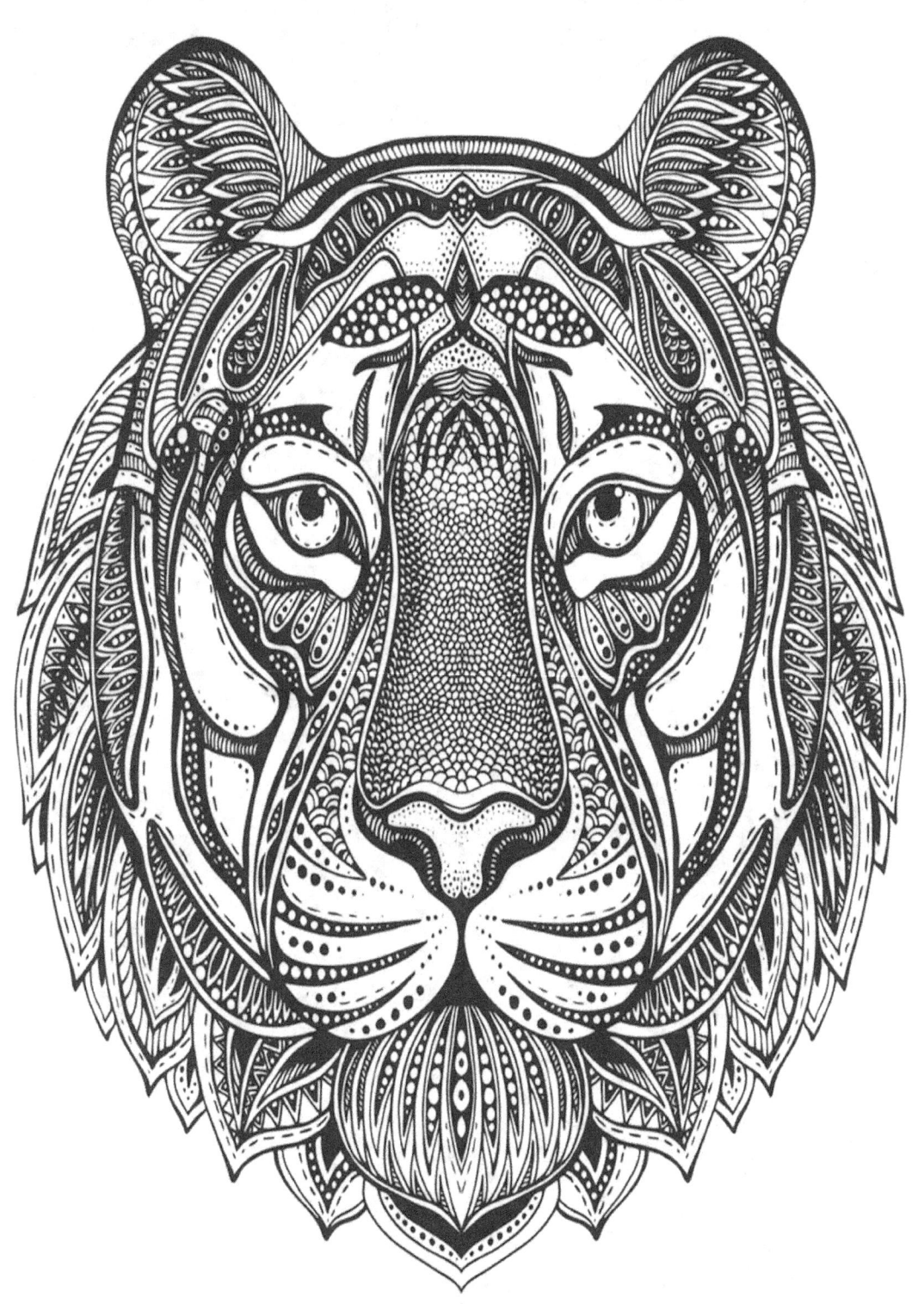

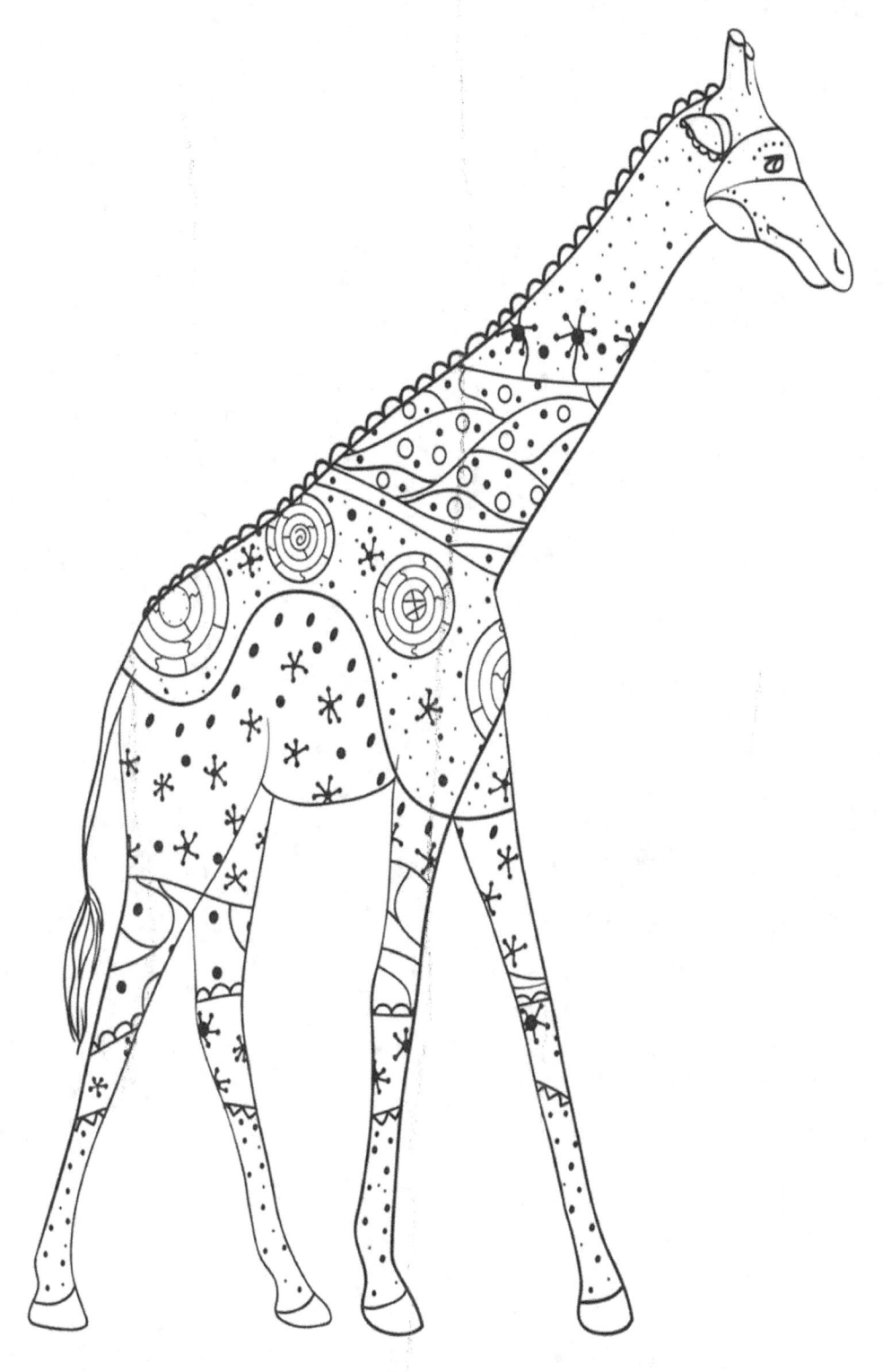

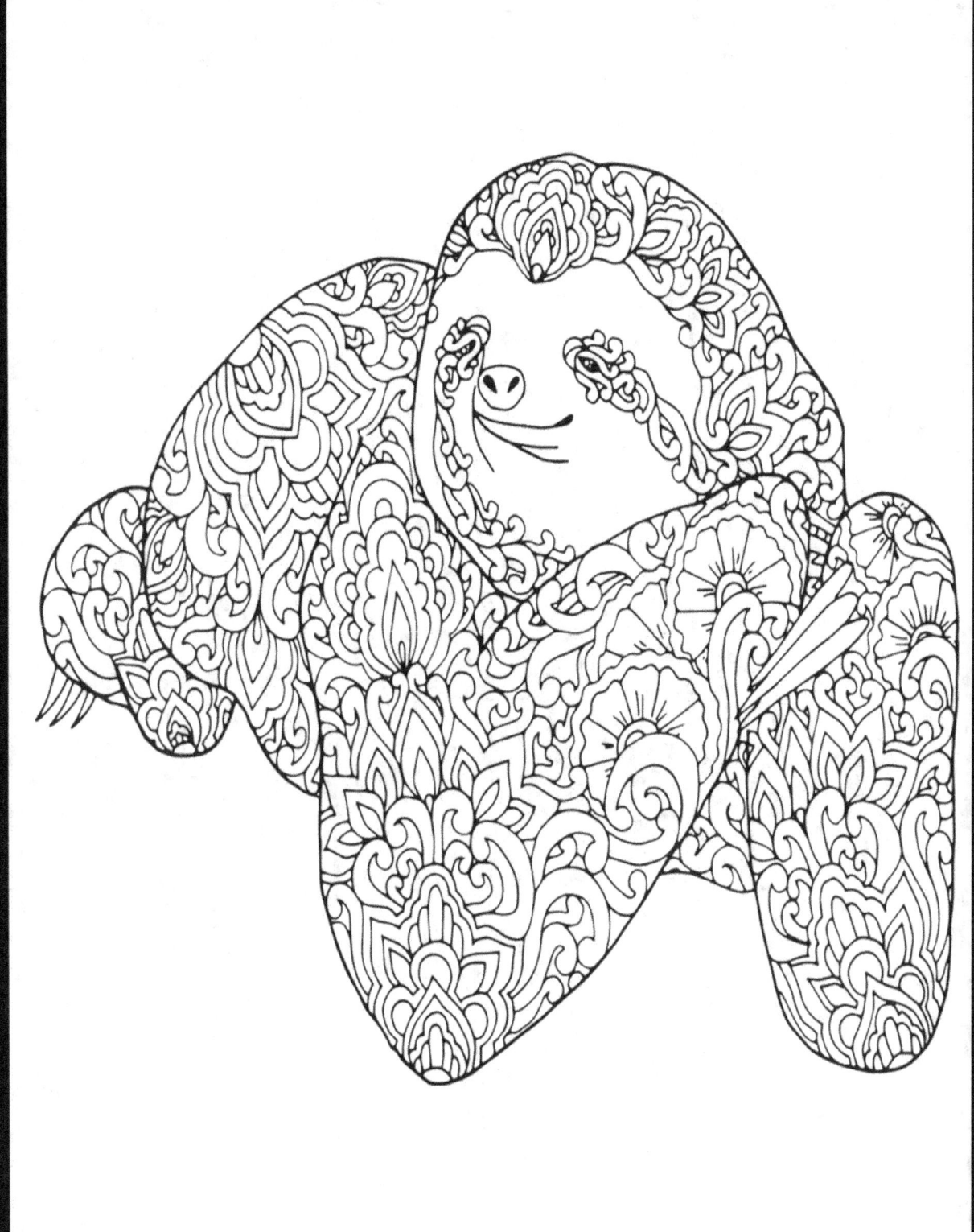

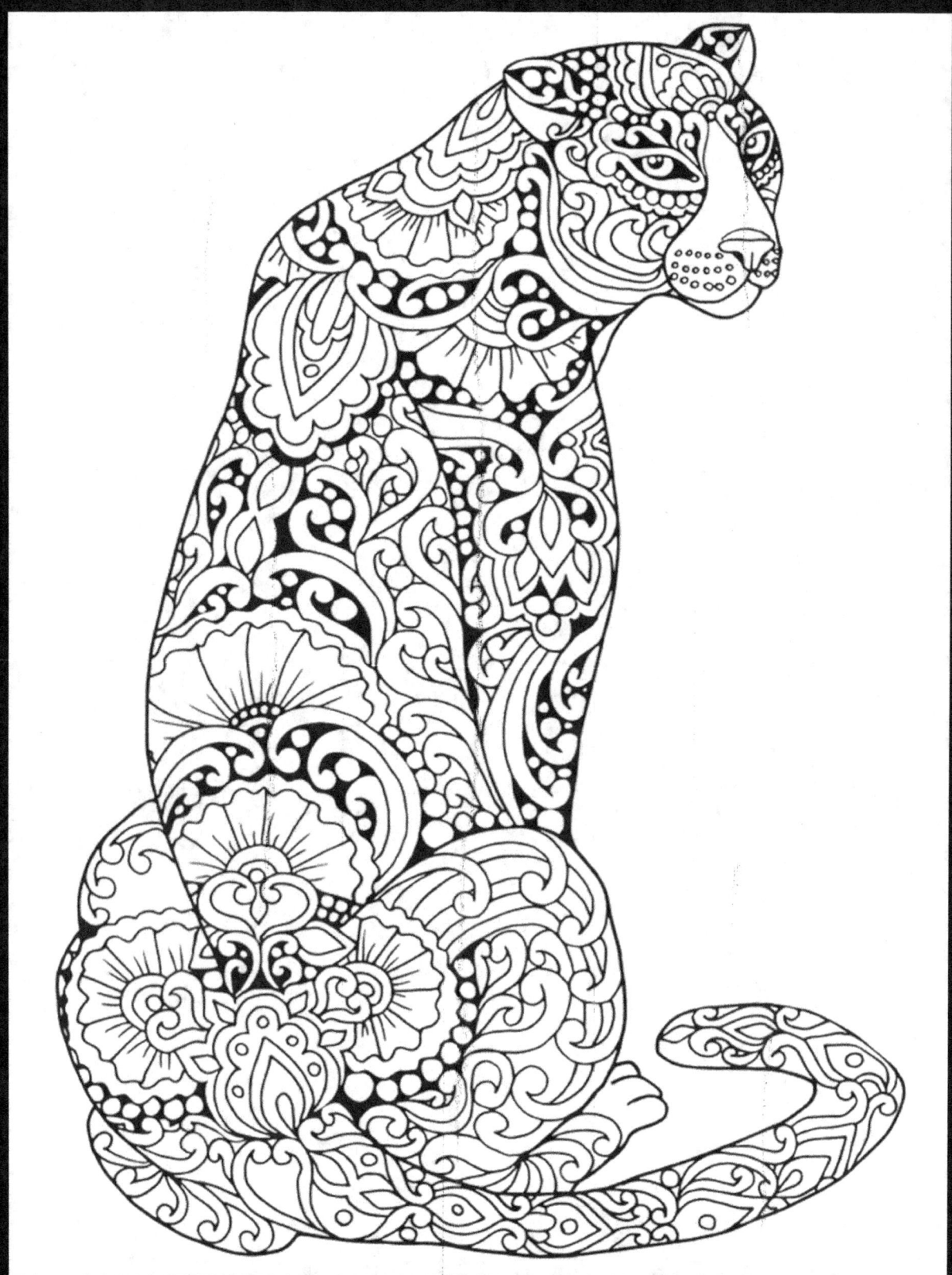

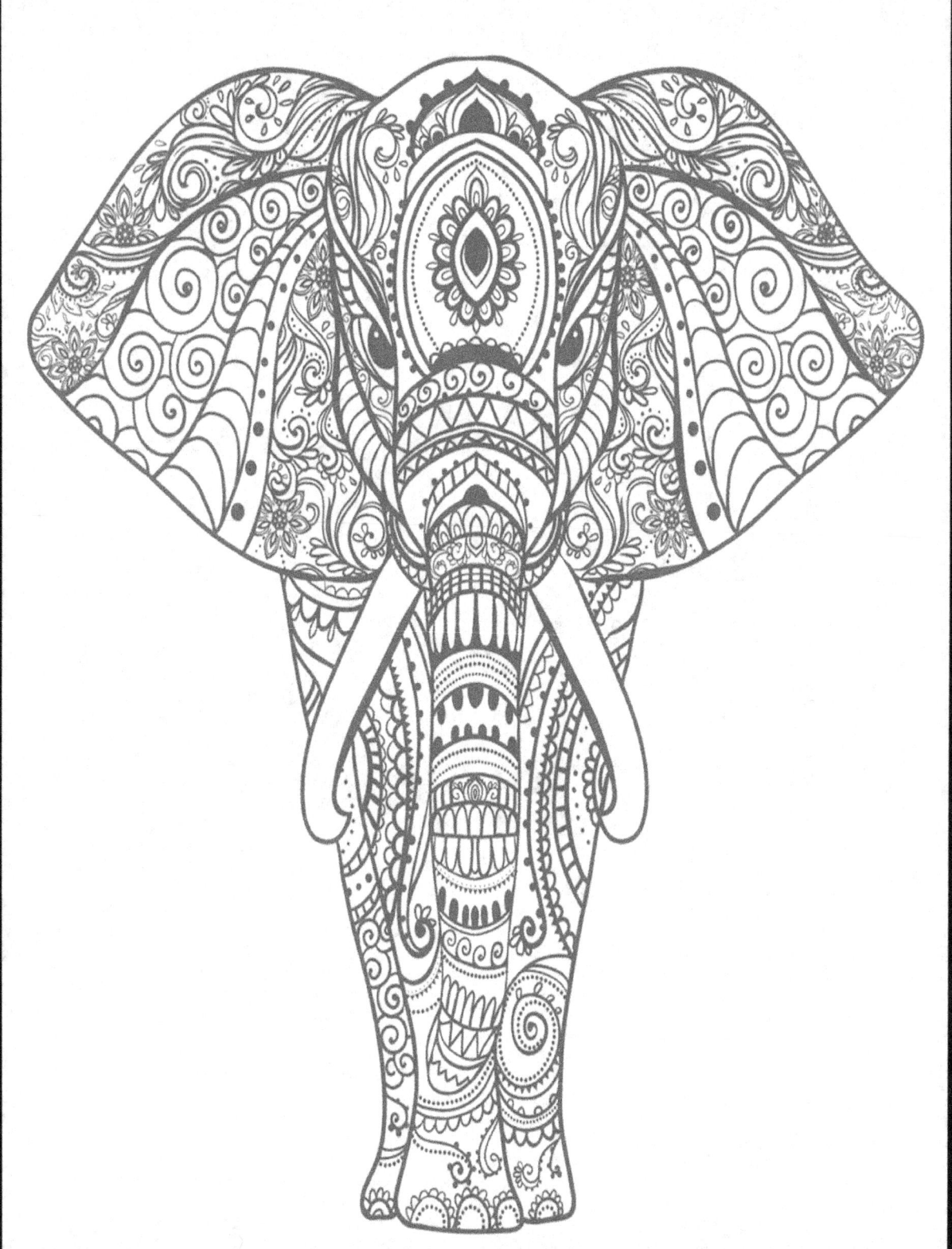

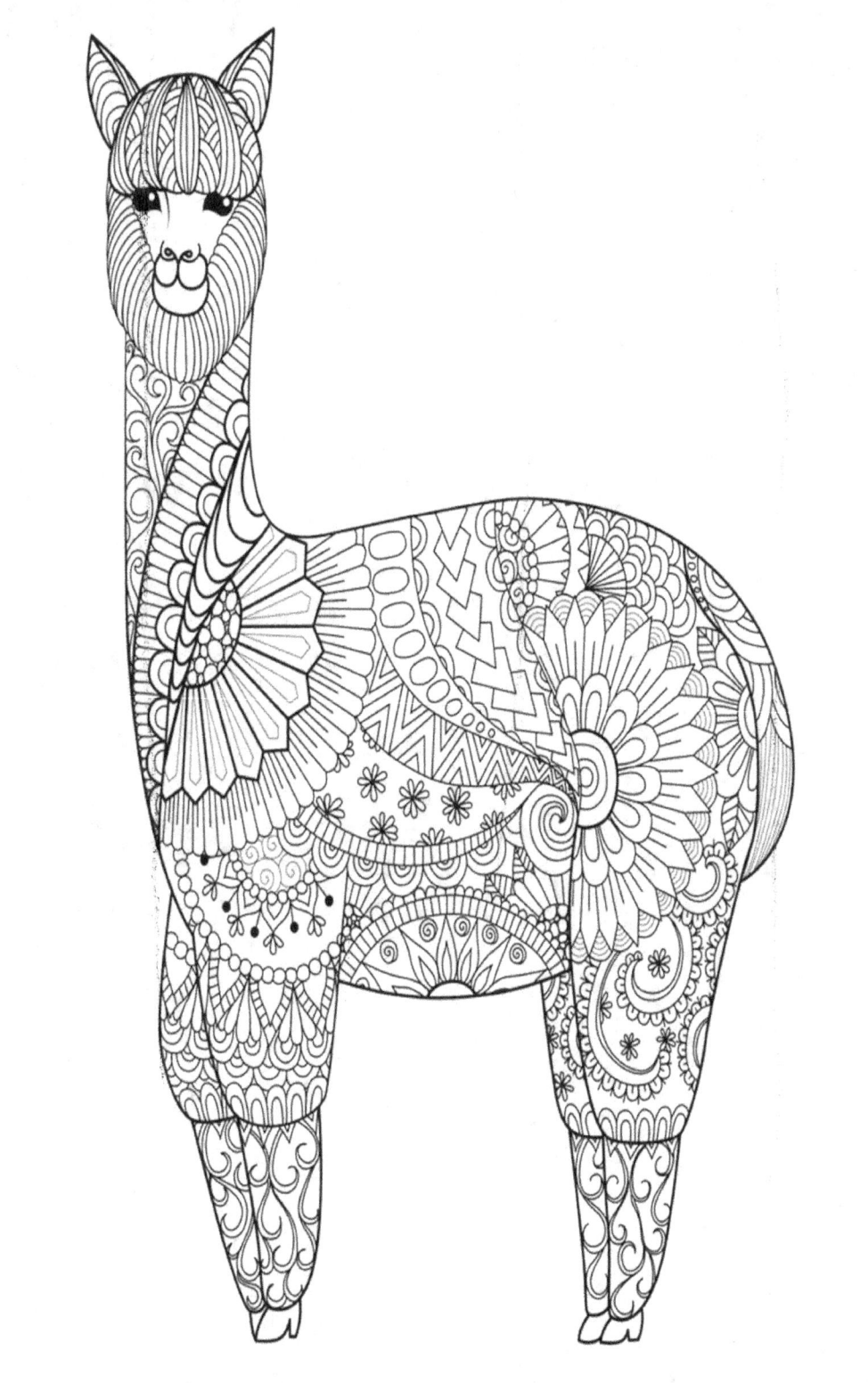

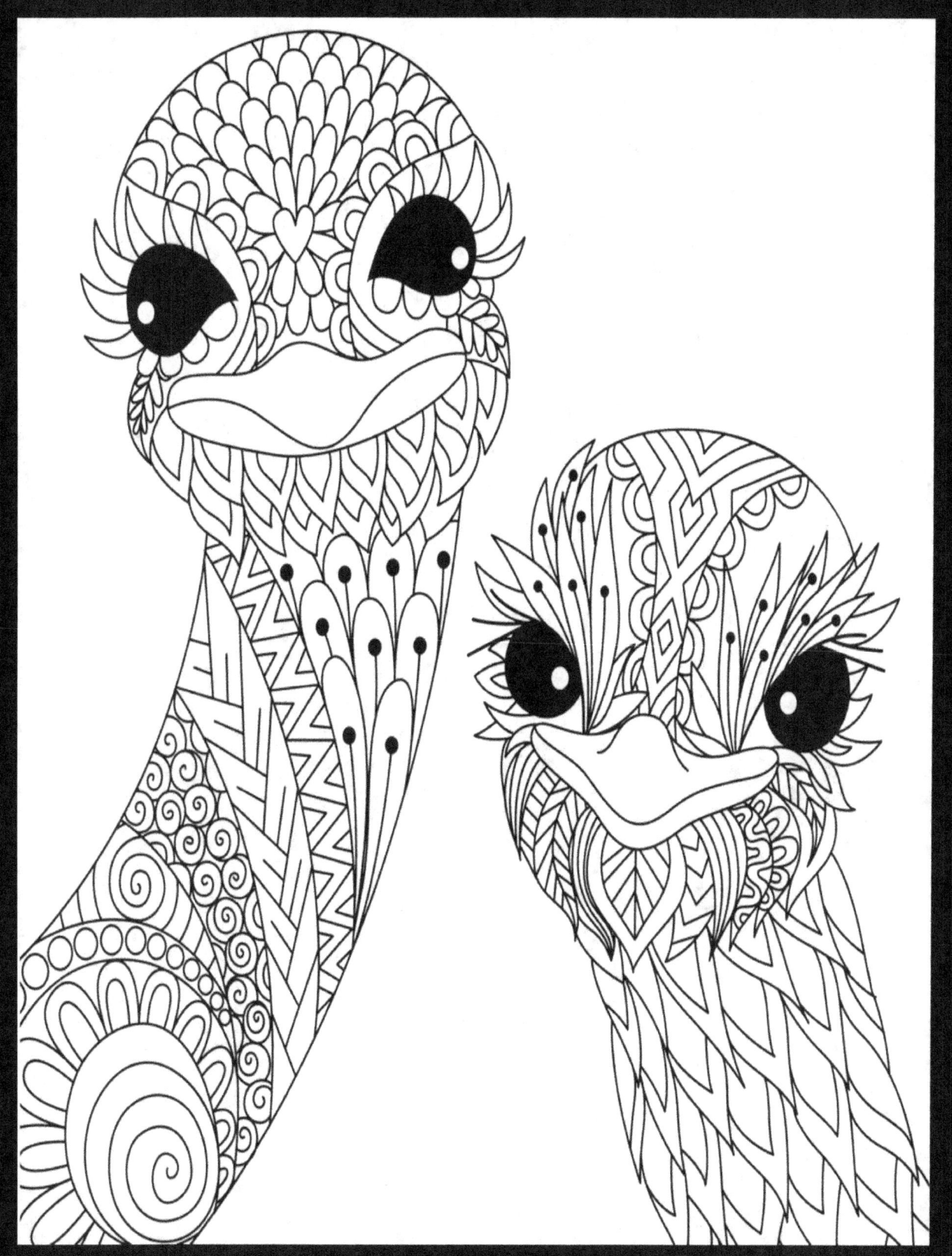

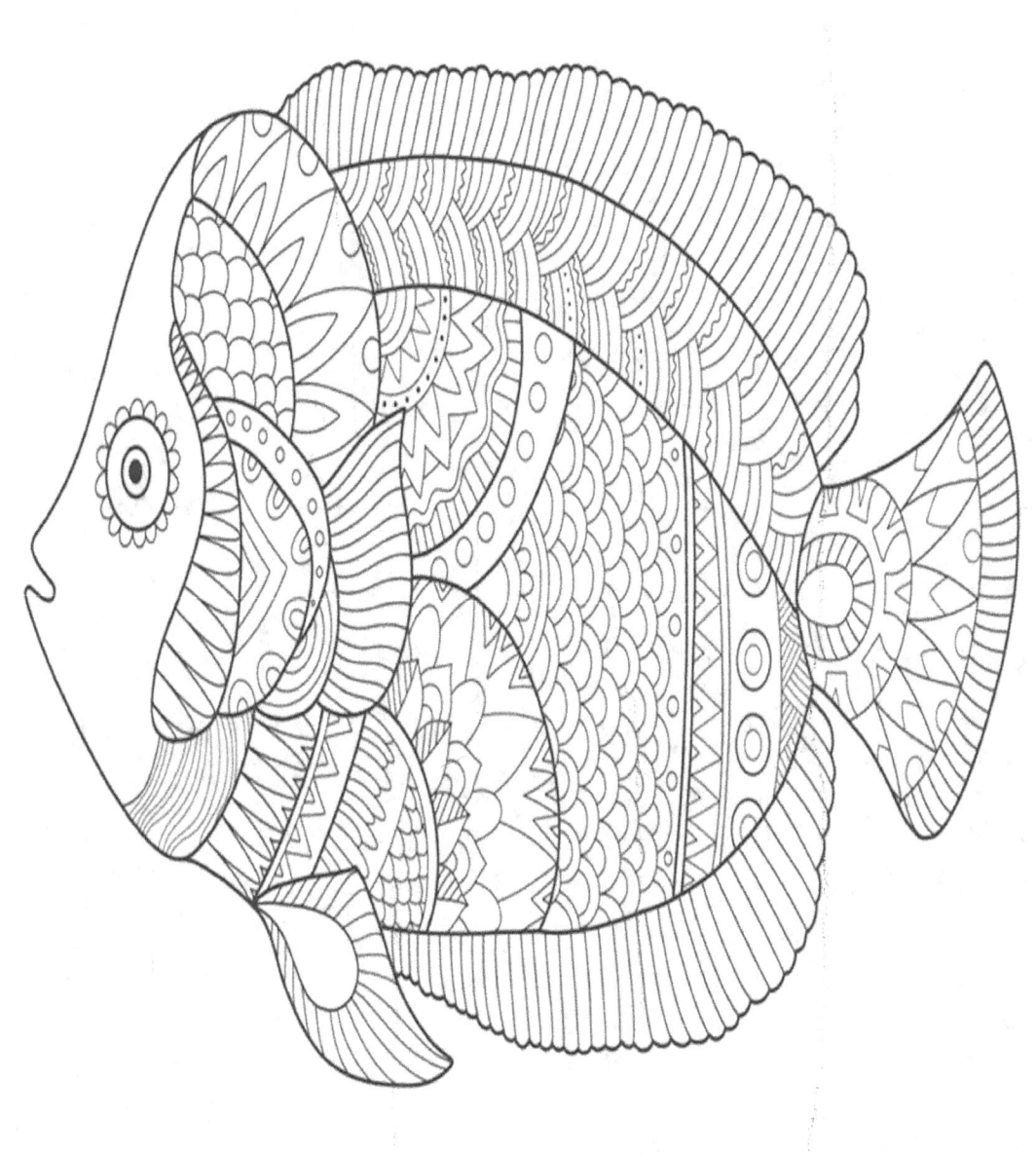

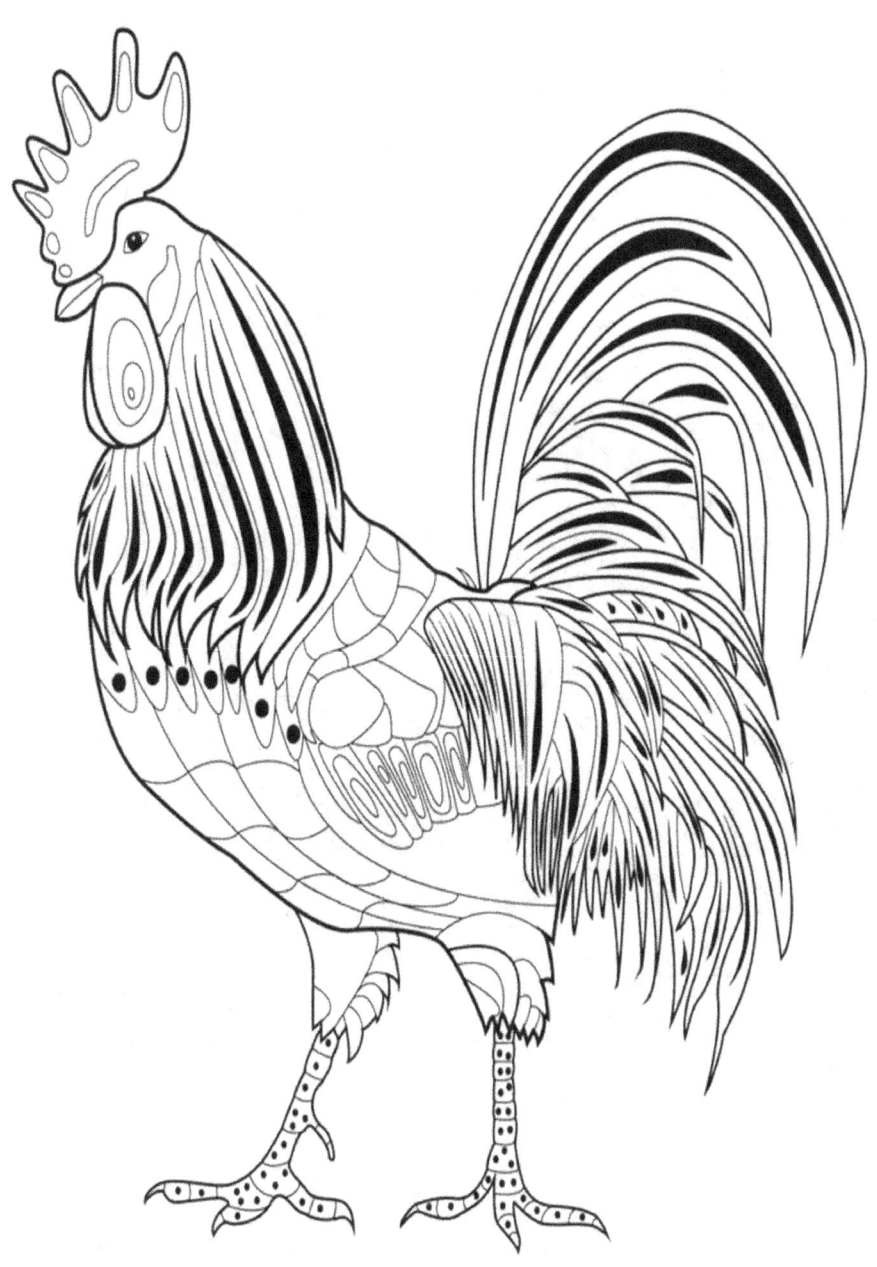

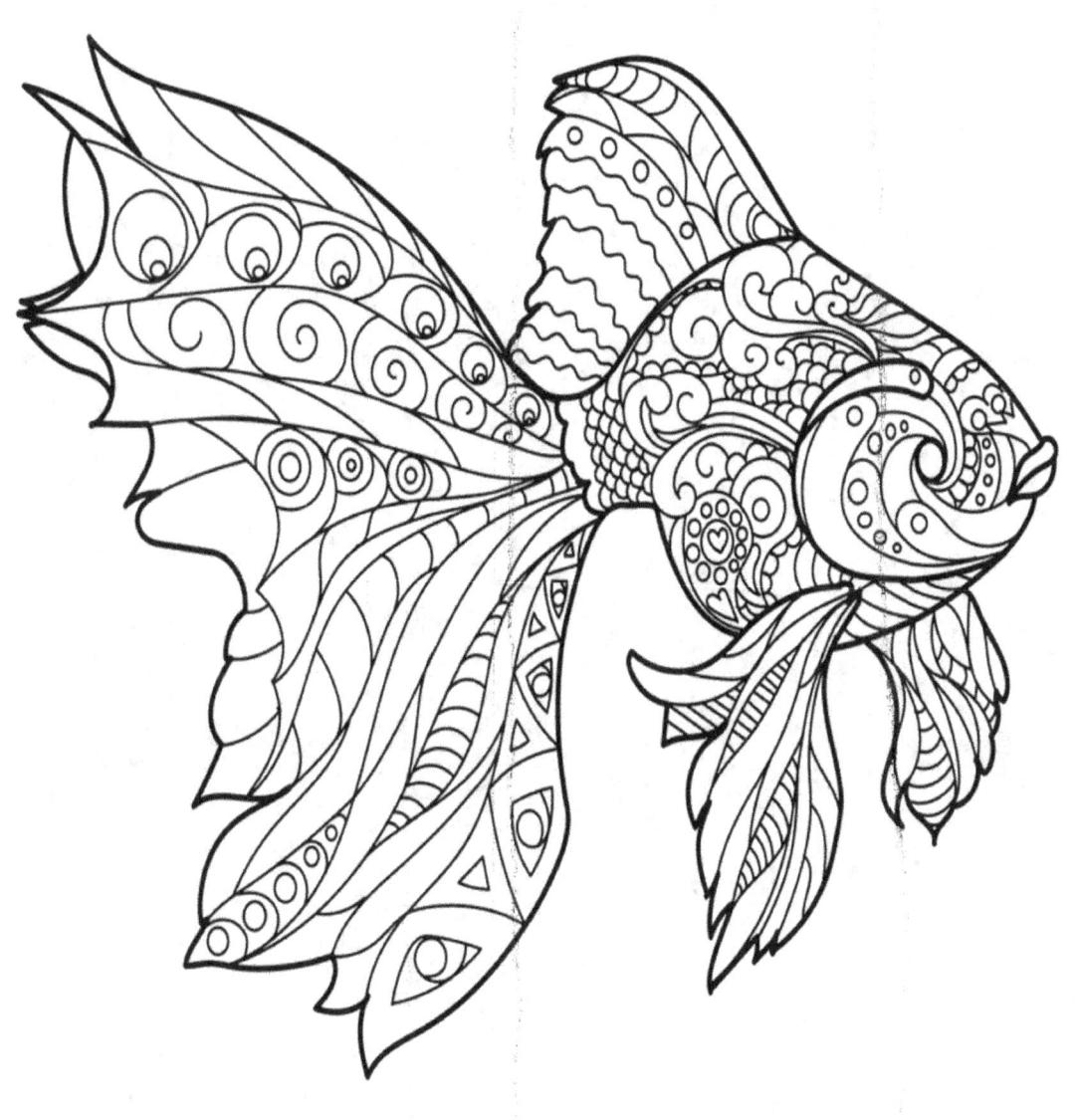

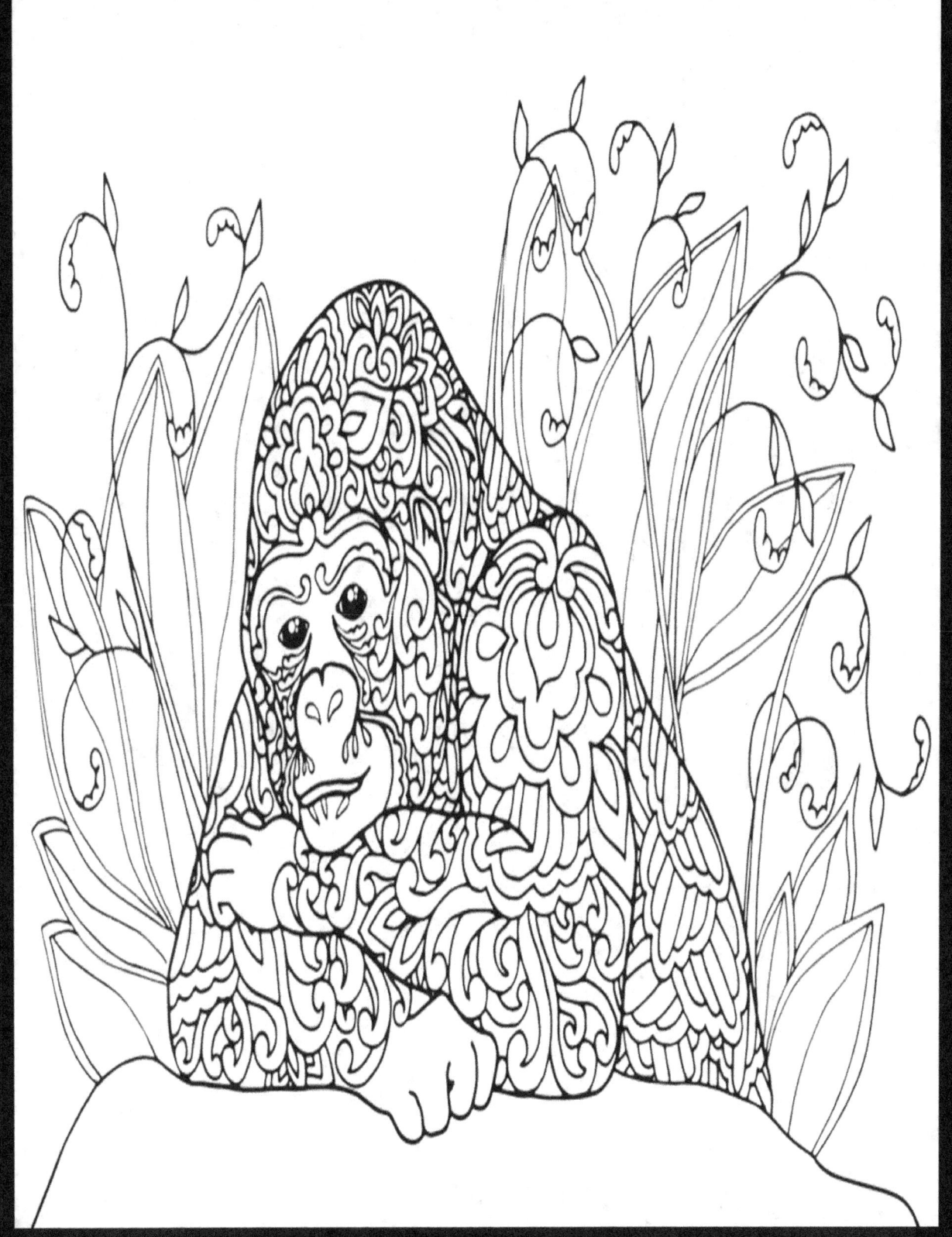

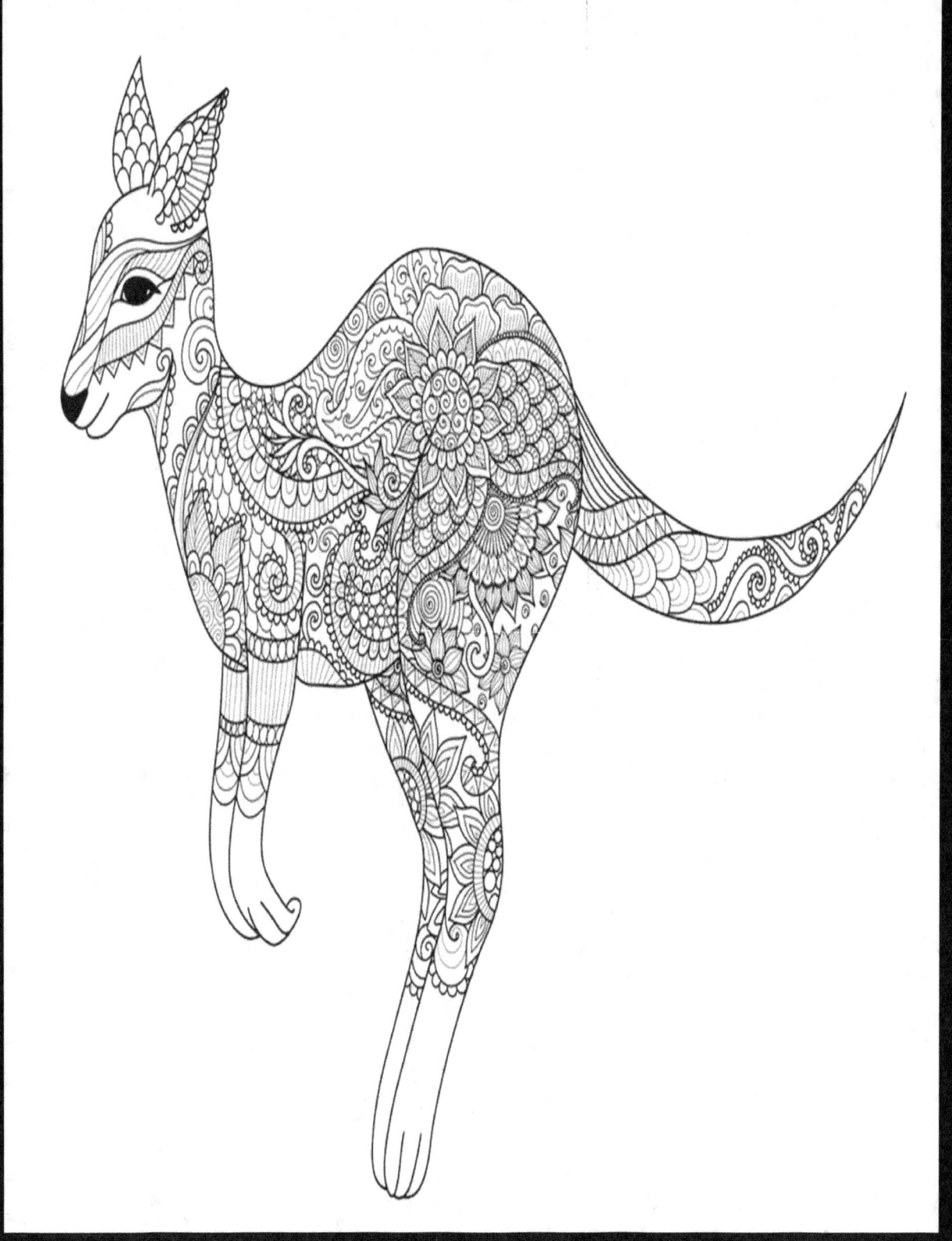

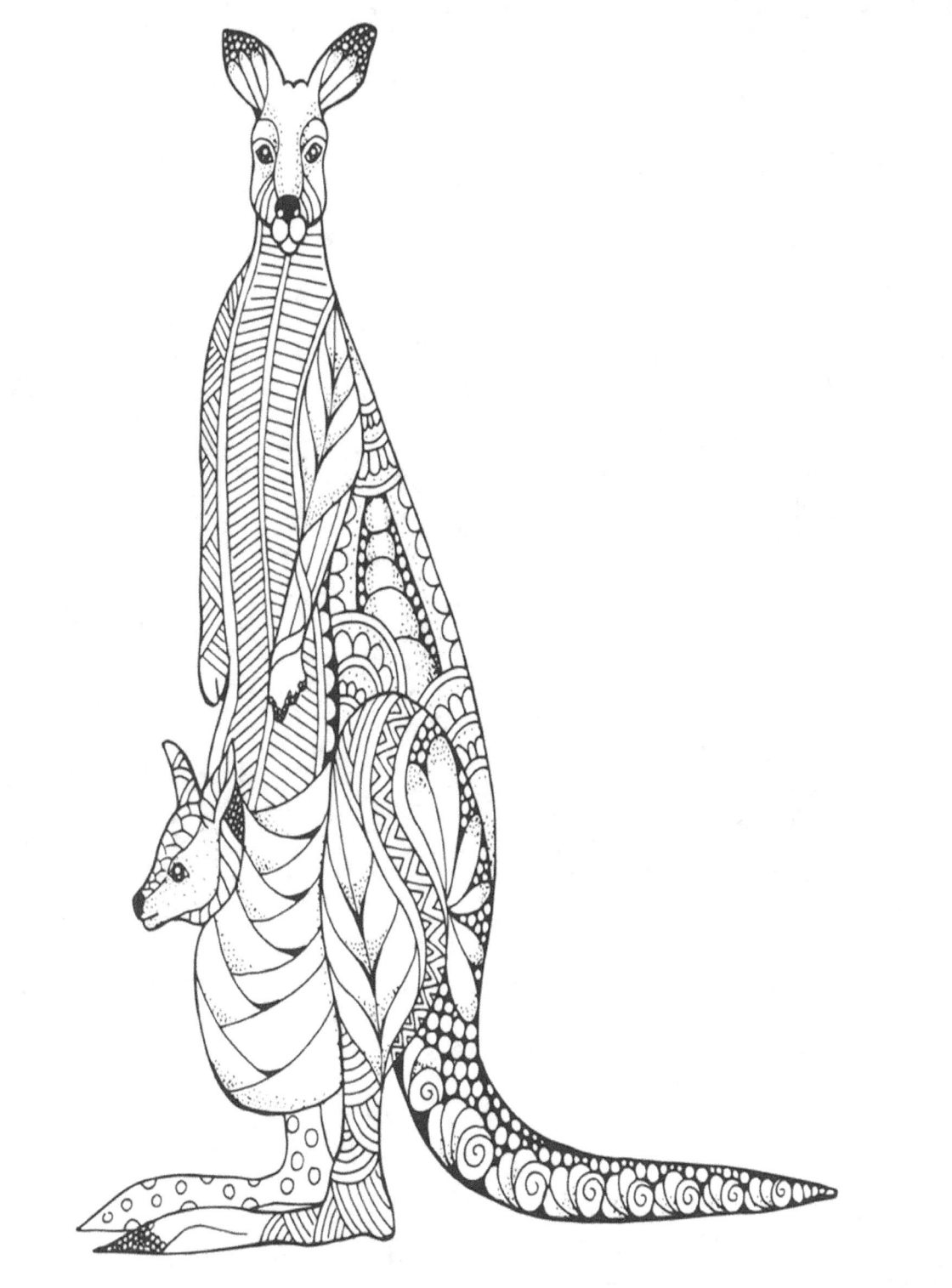

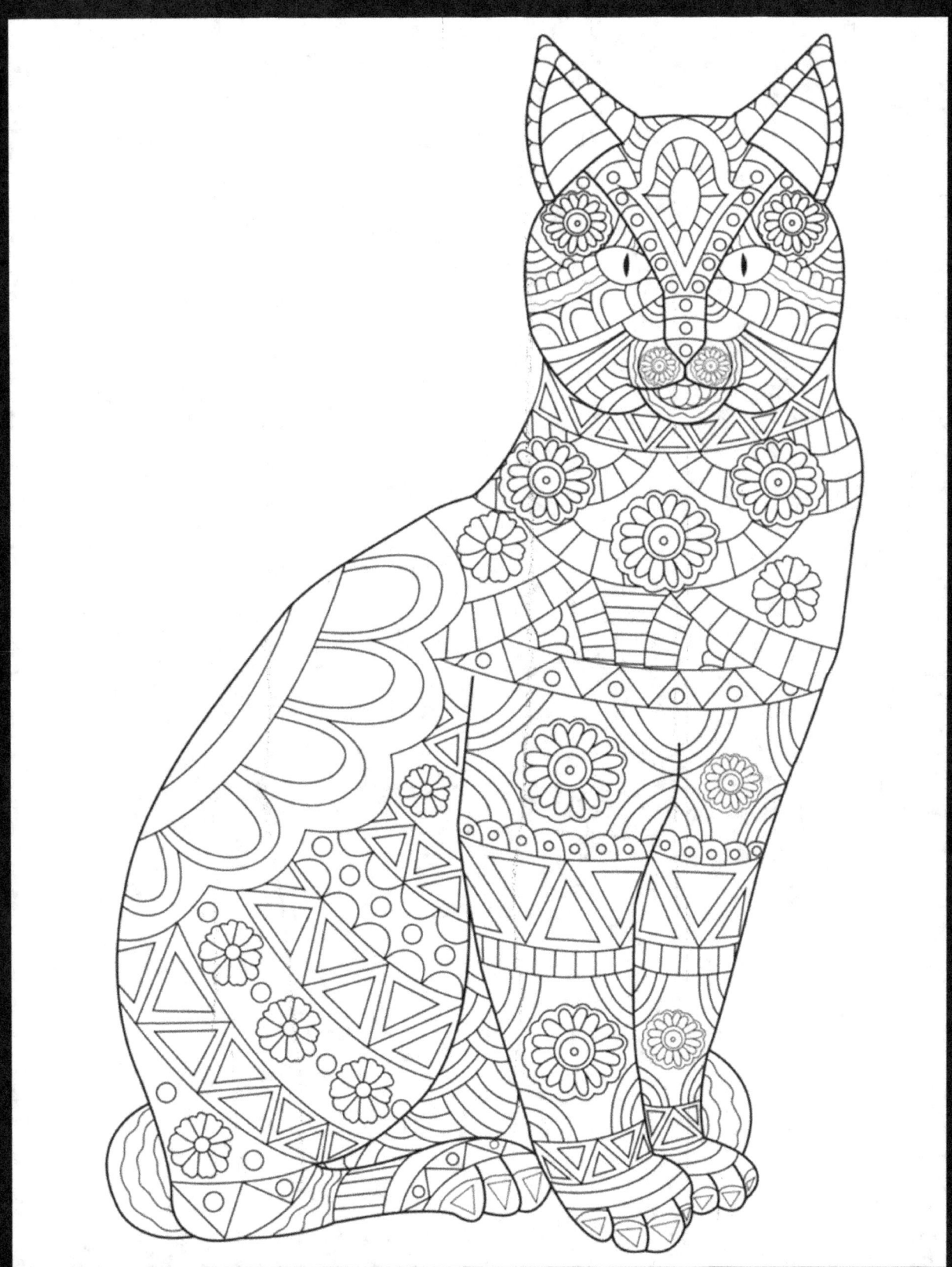

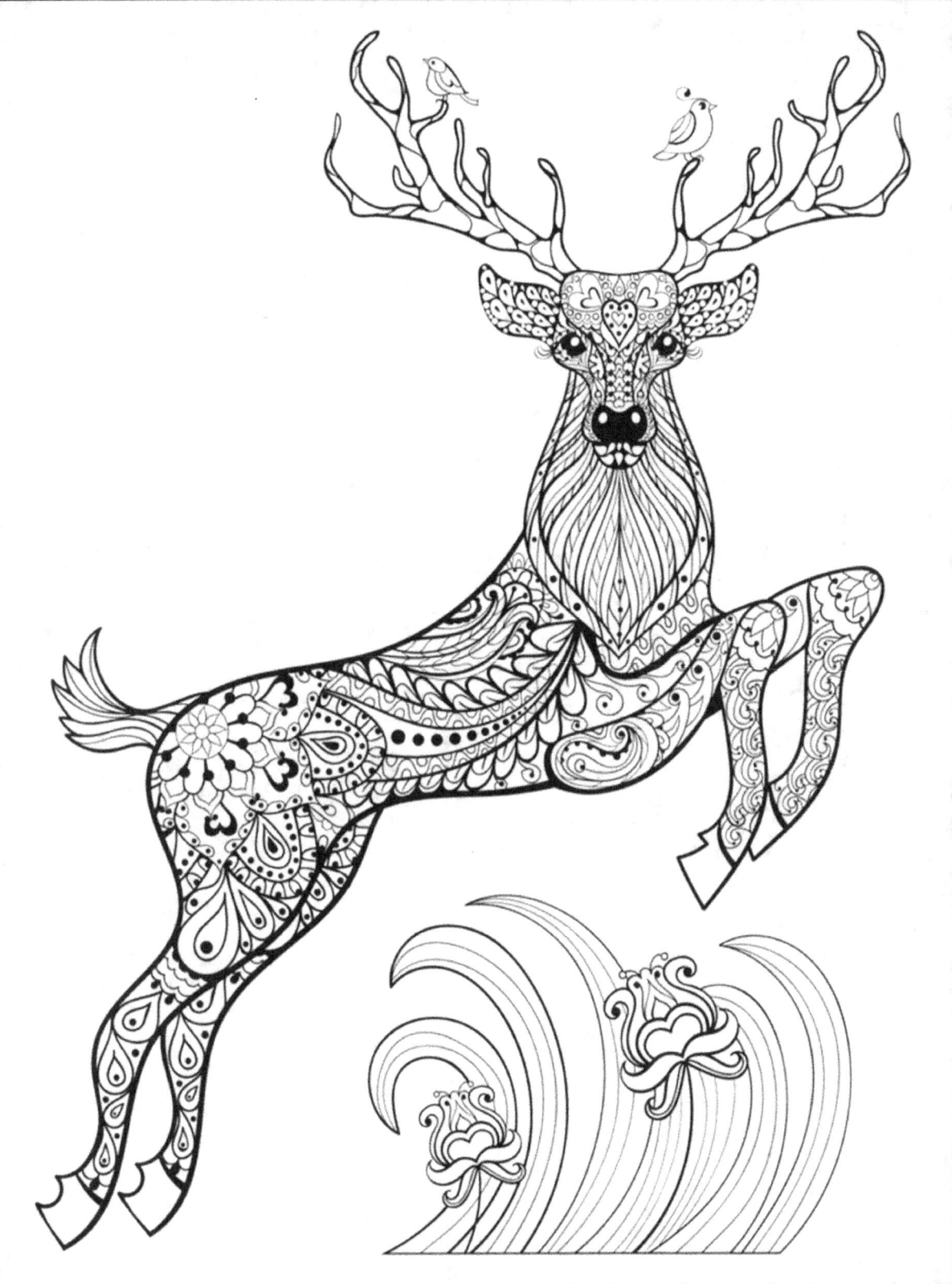

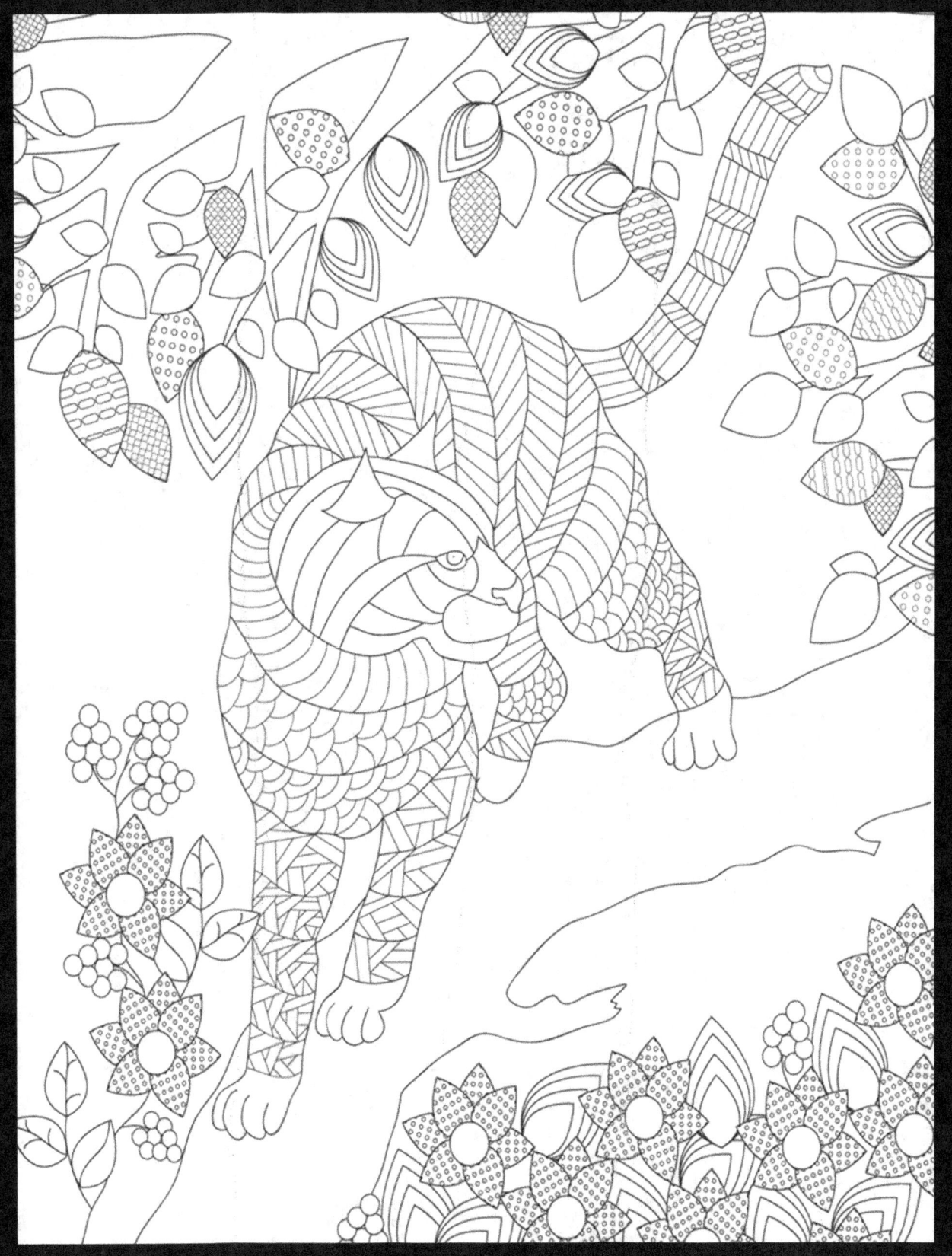

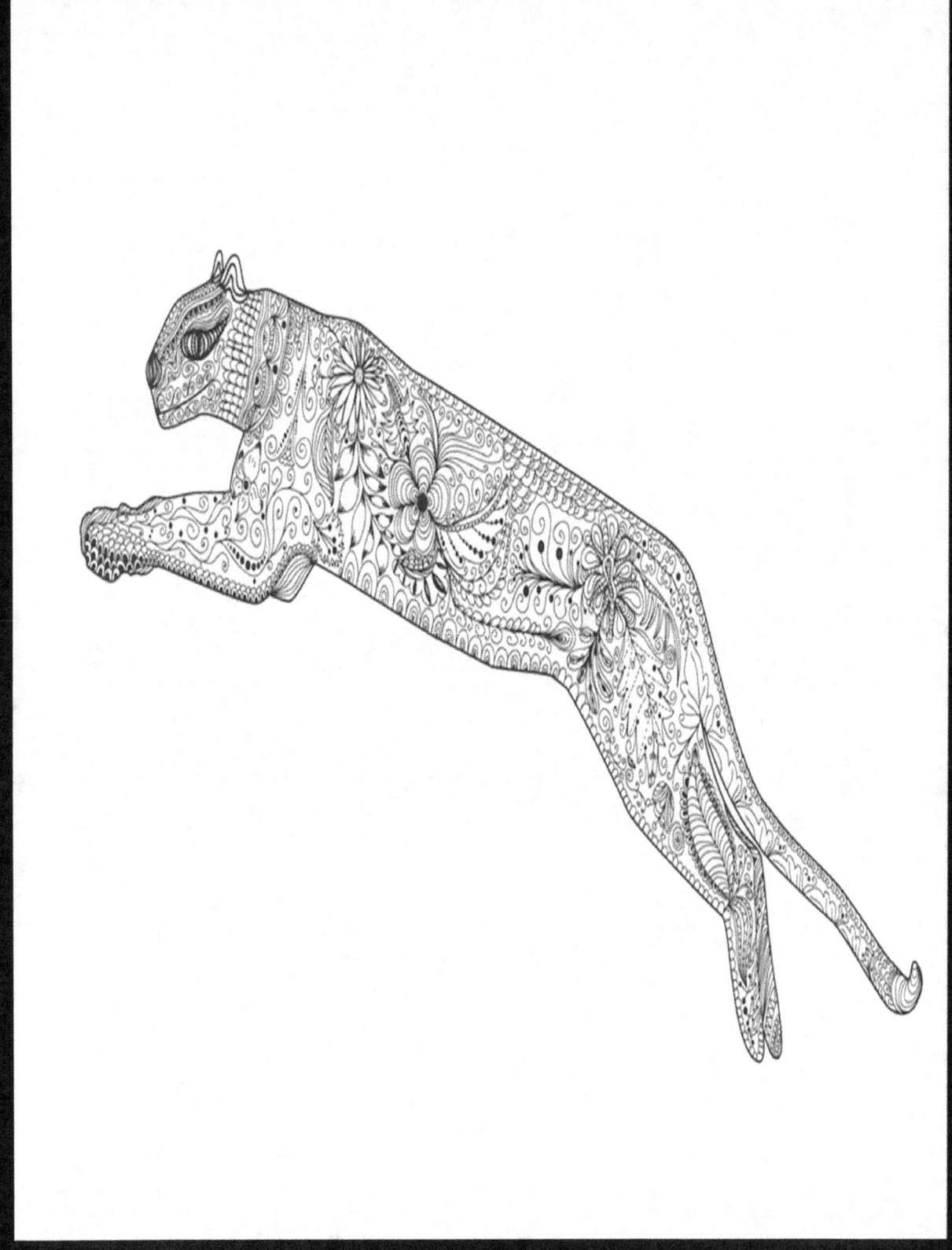

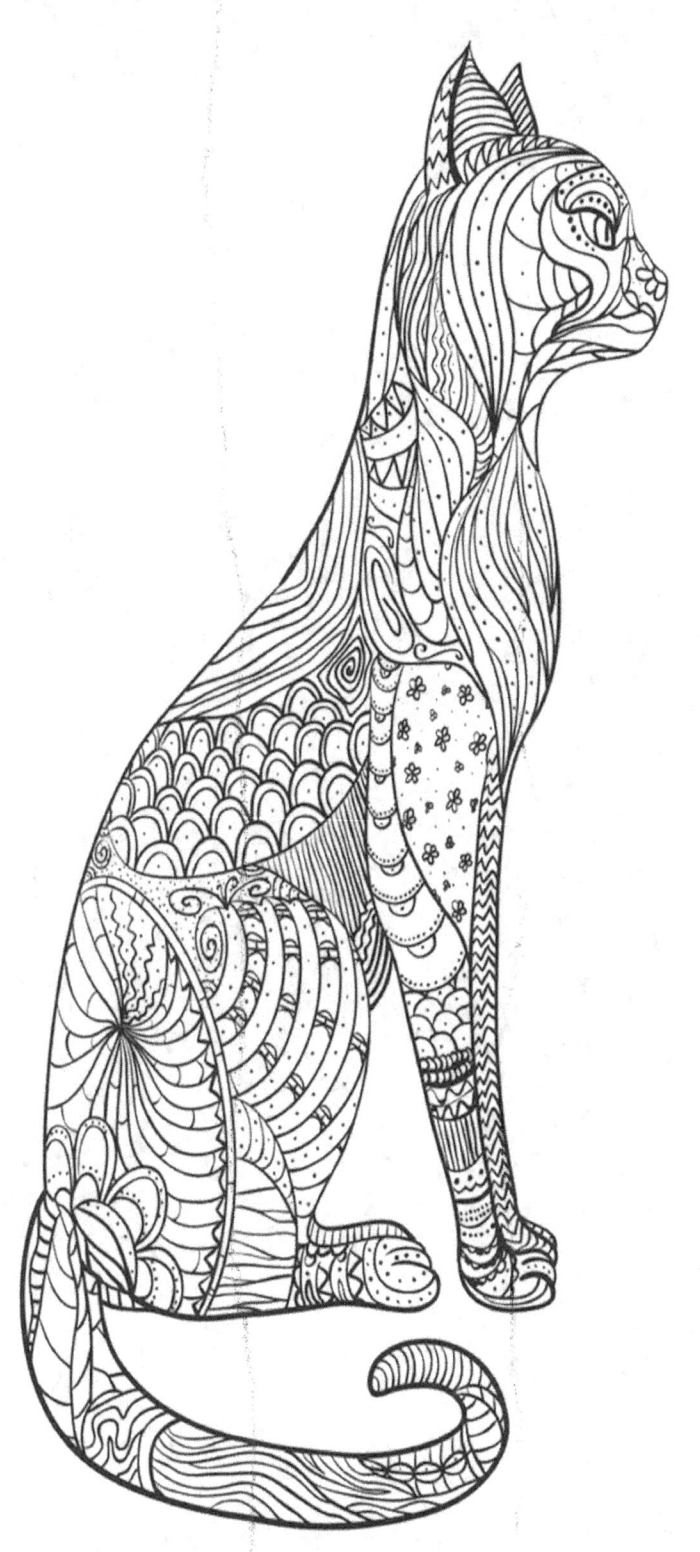

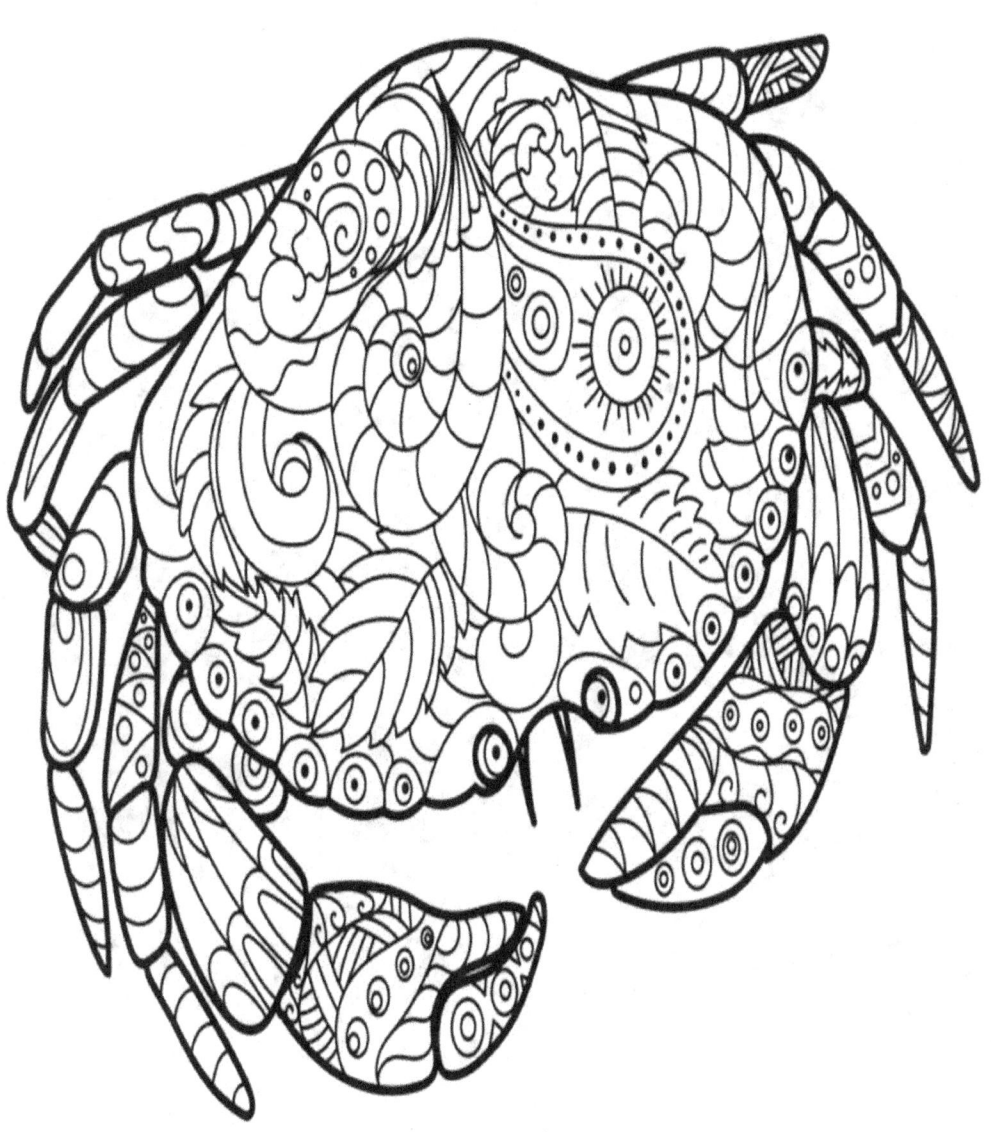

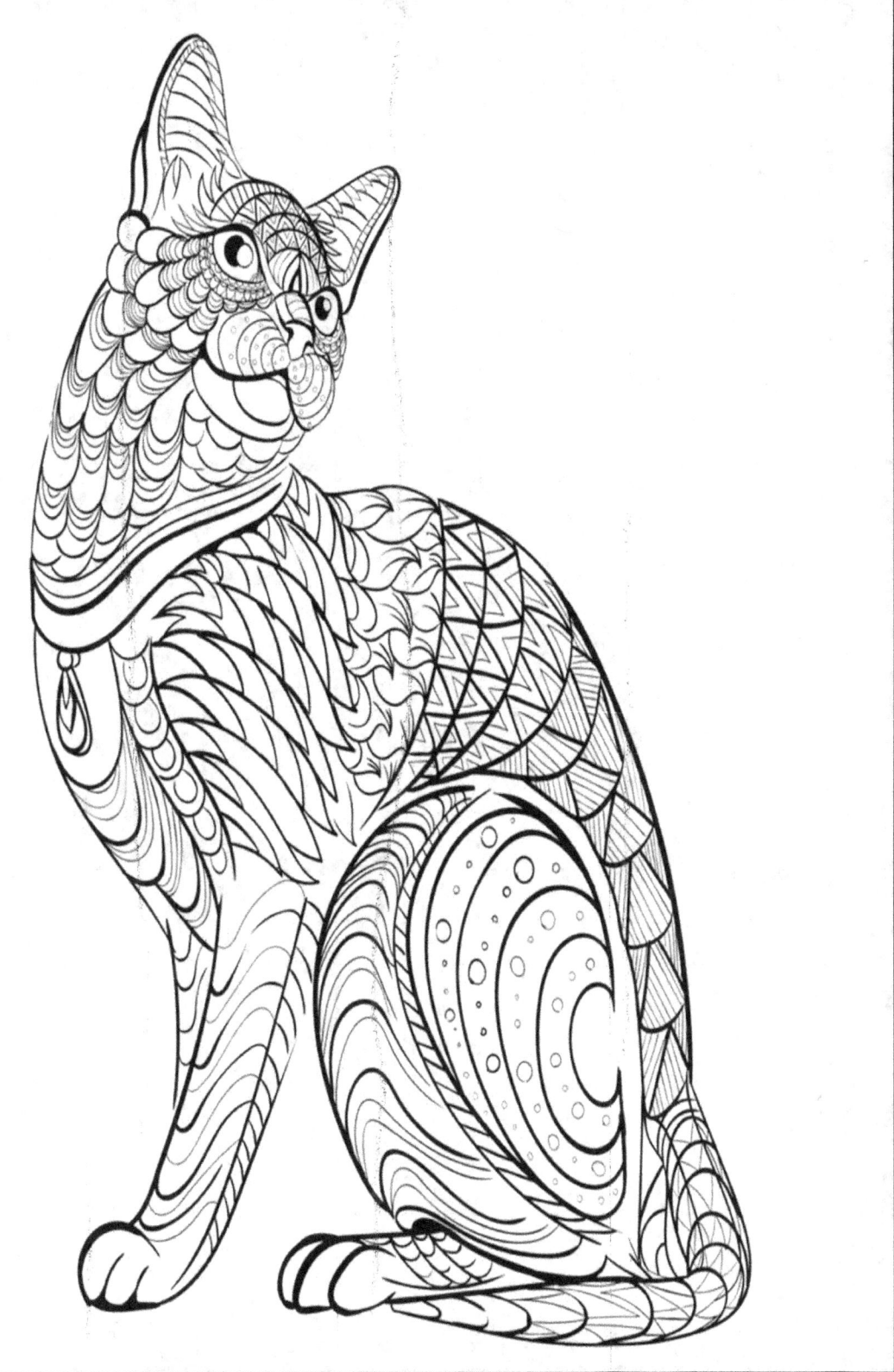

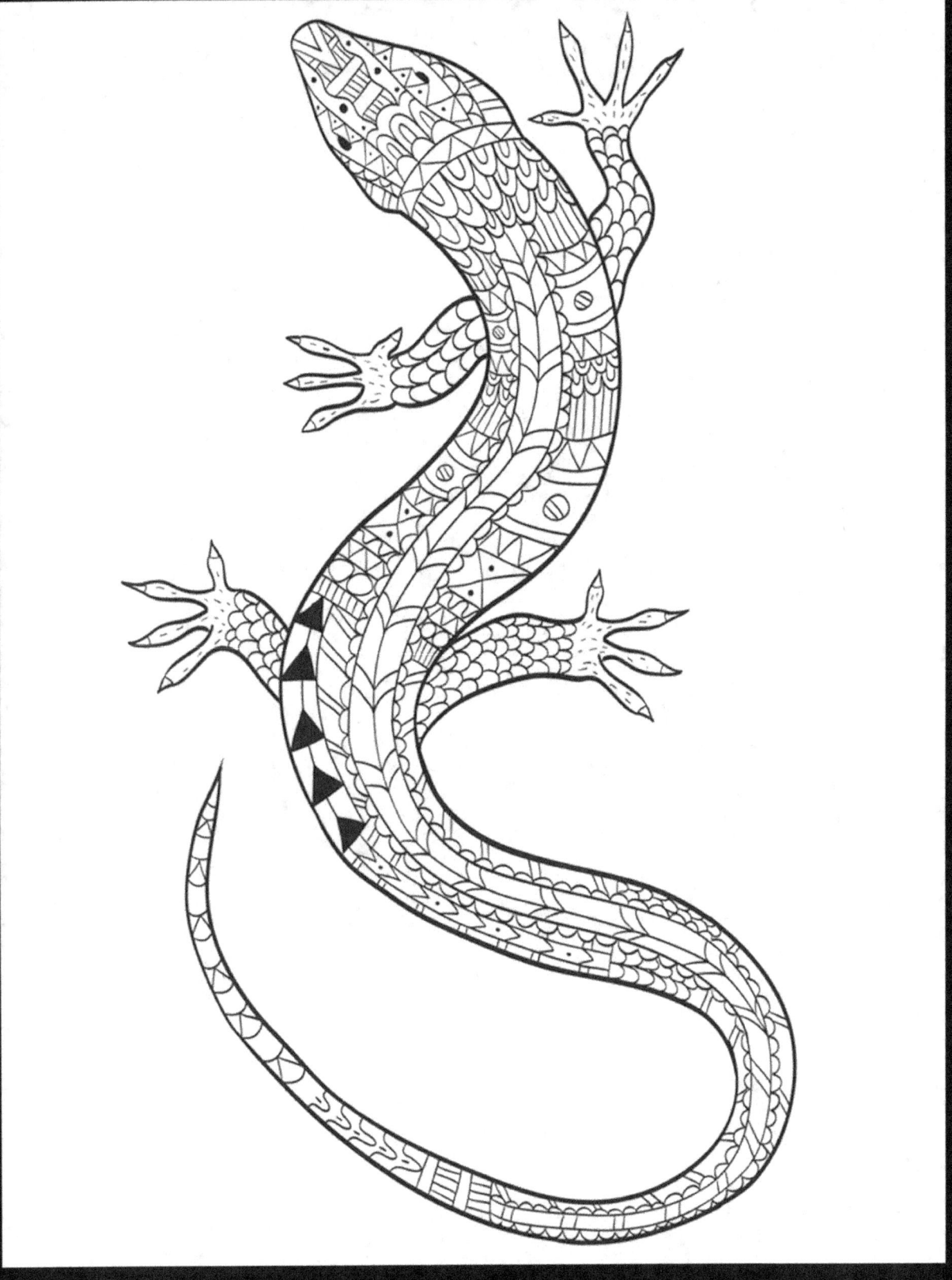

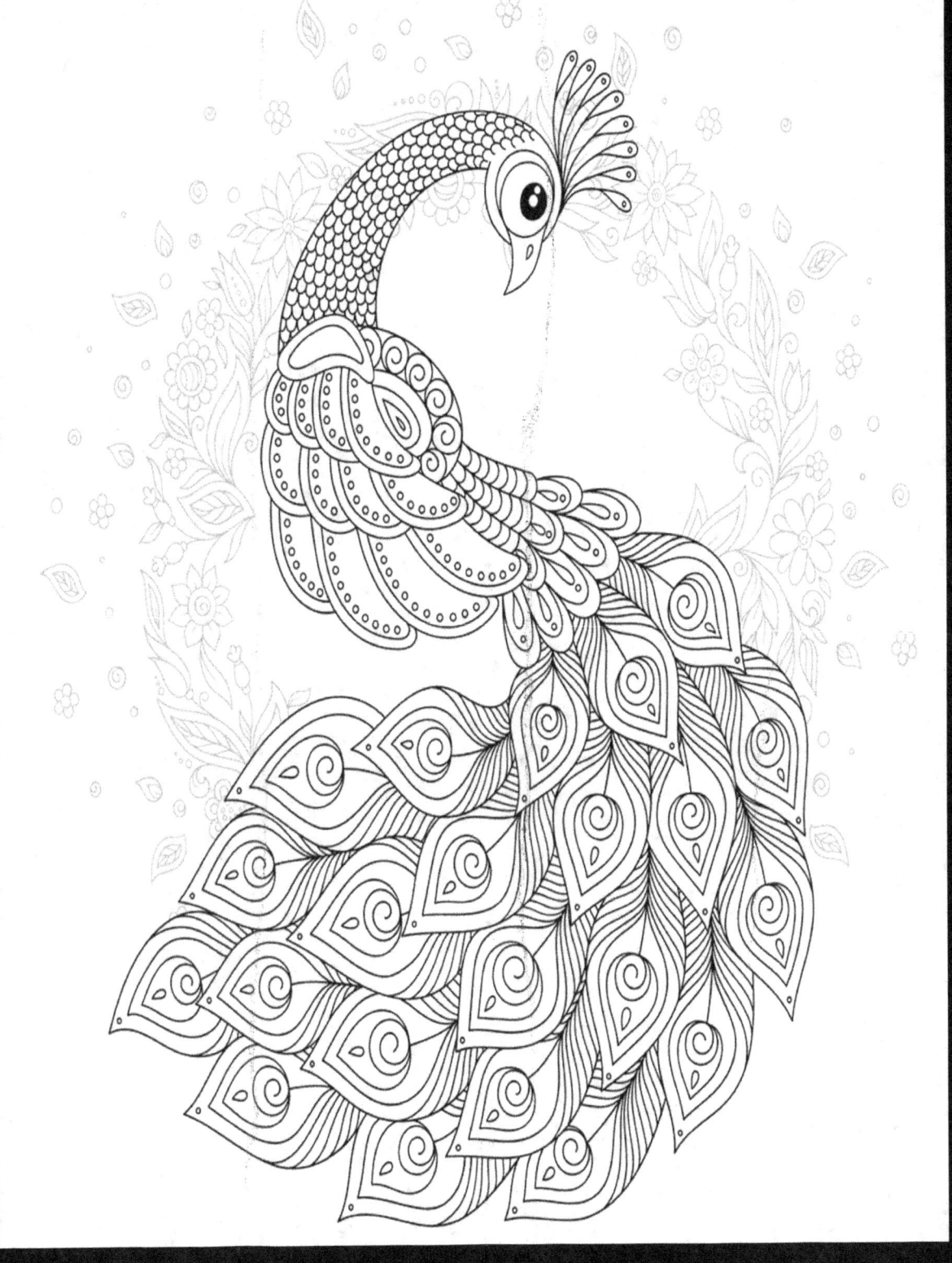

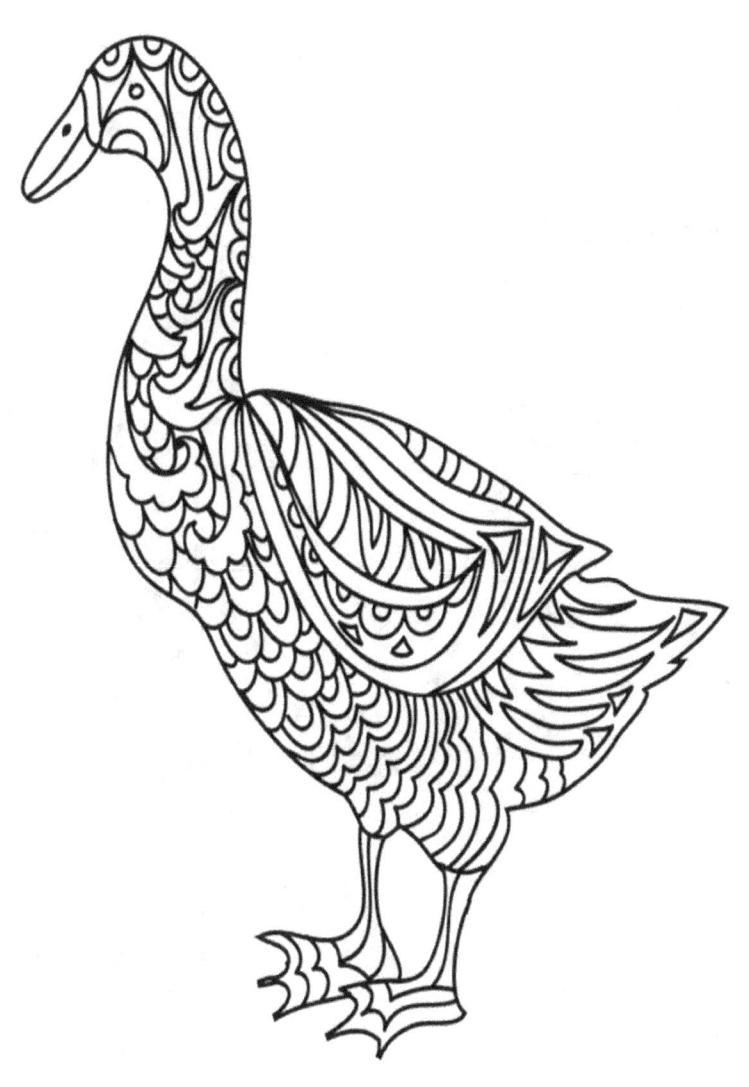

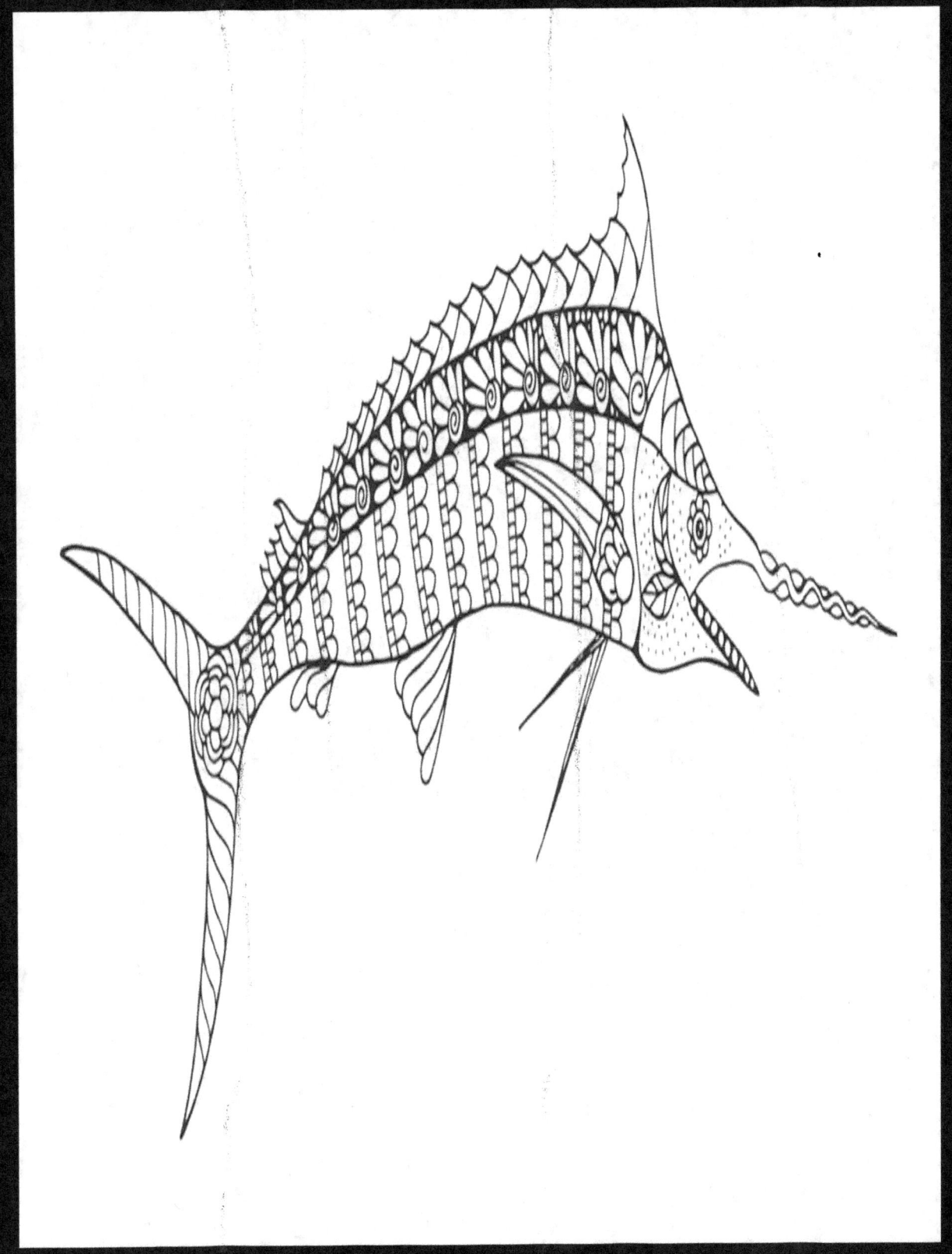

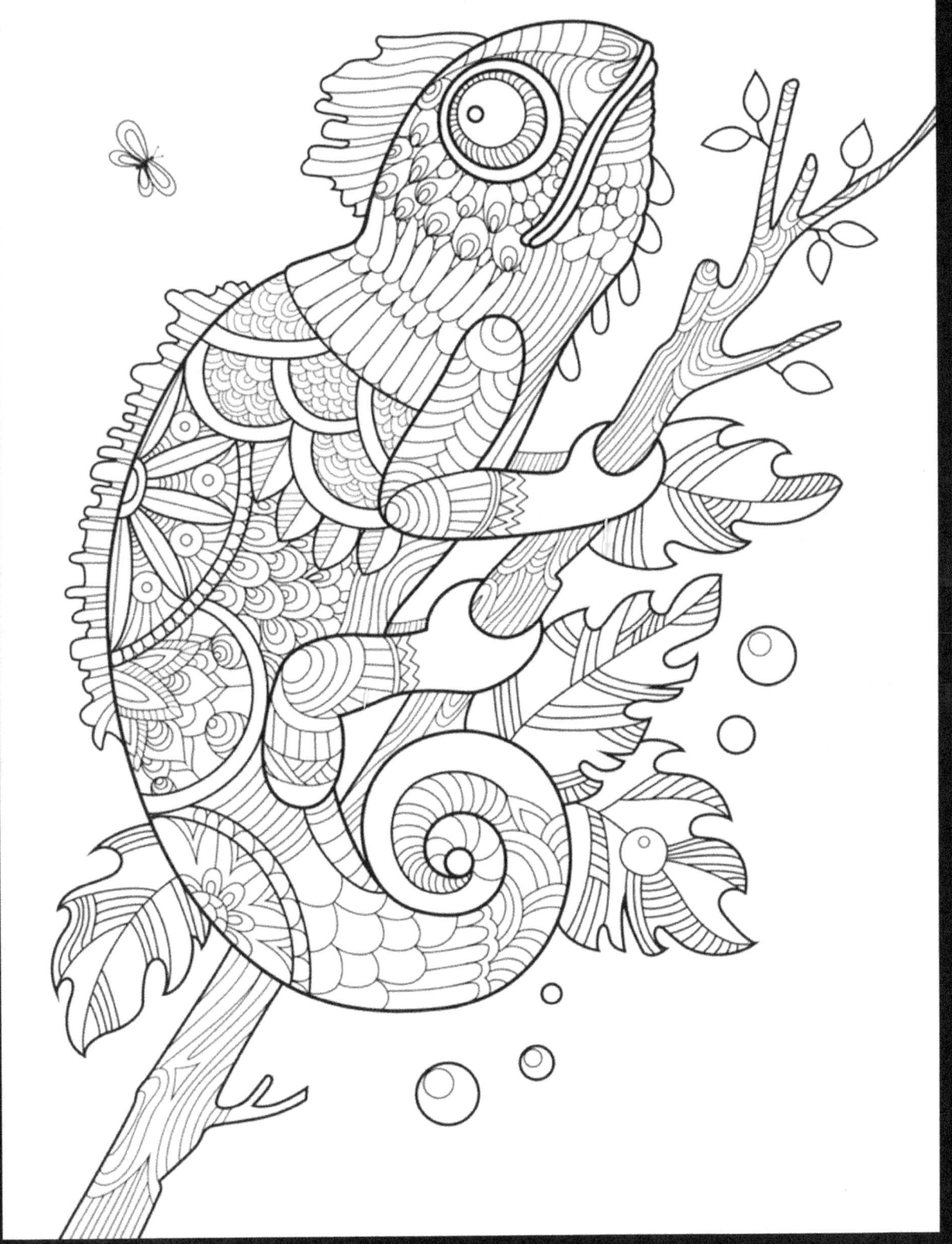

www.ingramcontent.com/pod-product-compliance
Lightning Source LLC
Chambersburg PA
CBHW081056240526
45465CB00025B/2275